鍋島誕生

物証でみる制作窯と年代

小木一良

創樹社美術出版

はじめに

鍋島誕生期作品と考えられる所謂「松ヶ谷」作品の制作窯については従来伝世作品と素地出土陶片との照合により明確に判明しているのだろうと考えられている愛陶家は決して少なくはない。

しかし、実態は大きく異なっている。

典型的松ヶ谷伝世品とされる作品と一致、または強い共通性を示す陶片出土は平成二十二年までは皆無であった。

従来、松ヶ谷作品の出土陶片と言われてきたものは九州陶磁文化館報告の岩谷川内・猿川窯出土「素焼き変形小皿」数点のみである。

このうち三点素焼き陶片は本書写真(1)(六頁)に転載させていただいているものである。

この出土陶片は素焼き素地であり、造形上も特に大きな特徴は見出せないので、これが松ヶ谷作品素地であるのか否かはなかなか判り難い。少なくとも特定できる資料とは言い難いものであった。

こうした経過の中で、平成二十二年九月、伊万里市教育委員会、船井向洋氏が従来、典型的伝世品松ヶ谷作品の一つとされてきた「色絵竜胆文変形小皿」とほぼ一致する陶片が出土したことを報告された(後記注1)。

松ヶ谷作品の陶片出土報告として初めてのものとなった。

ところが陶片出土窯は従来主張されてきていた岩谷川内猿川窯ではなく、伊万里日峰社下窯であった。

従来の猿川窯を中心とする松ヶ谷制作窯の推考は大きな疑問となった。

次に、この陶片の日峰社下窯跡における出土部位は同窯跡試掘坑Ⅶ八層地点とされている。

一方、従来初期鍋島作品とされてきた伝世品三点、「薄瑠璃色絵唐花文小皿」「色絵梅流水文変形小皿」「色絵唐花七宝染付地文変形小皿」(本書写真(3)−1、(4)−1、(5)−1)については同類出土陶片が日峰社下窯跡で確認されている(注1)。

この三点陶片の出土部位はいずれも「C地点試掘坑Ⅵ層」とされている。

この三点と松ヶ谷「竜胆文変形小皿陶片」の出土部位は異なっているが、両者間に制作年代の差違が考えられるか否かを船井向洋氏に伺ってみると、差違は認められないとのことである。

即ち、松ヶ谷竜胆文変形小皿と前記初期鍋島三点は日峰社下窯において同年代に制作されたということである。

従来、松ヶ谷作品と初期鍋島作品とは制作年代において開きがあるとの主張がみられてきたが、これは妥当でないことが明らかとなった。

残る最大の問題は「松ヶ谷」「初期鍋島作品」の制作年代の特定である。

ここで、近年希有とも言える貴重資料が発表されてきたのである。「明暦三年一月十八日被災、江戸城跡出土の初期鍋島陶片」（後記注2）である。

この出土陶片類の理論的制作下限年代は被災日、明暦三年一月十八日であるが、運送期間、その他を考えればその半年程度以前、明暦二年六月頃となる。

この陶片中に松ヶ谷作品と考えられる陶片が含まれていれば、その制作年代をごく小さい誤差範囲内で知ることが出来る。

非常に幸運にもこれに該当するとみられる作品が含まれている。更に、それは日峰社下窯作と考えられるものであった。

これにより、松ヶ谷作品の制作年代を僅かな誤差範囲内で確認出来ることとなった。

以上により、例数はごく僅かではあるが客観的物証により、松ヶ谷作品の制作窯の特定とその制作年代をほぼ特定的に考えられる状態に至った。

この両面からの検討報告が今回、本書上梓の唯一、最大の目的である。

本書は松ヶ谷作品の制作窯、制作年代の二面の解明を目的としたものであり、その他のことは付帯的にごく僅かのことを記しているのみである。

読者各位には、この両面の問題につき推考、傍証に留まらず物証によって御検討願いたく本書を上梓したものである。

多くの方々にお目通しをお願いしたい。

目　次

一章　鍋島誕生

松ヶ谷作品の制作窯と制作年代
―確認出来る貴重物証類の発見―

（1）猿川窯出土「素焼き変形小皿陶片」（九州陶磁文化館蔵）

(一) 松ヶ谷作品、岩谷川内猿川窯創成説の疑問

従来、鍋島藩窯作品の前身とされる御道具山創成期の一般に「松ヶ谷」と称される作品類は有田岩谷川内地域において、猿川窯を中心に制作されたとの見方が九州陶磁文化館（以下「九陶」と記す）を中心に主流をなしてきた。

この見方は恐らく、とかくの異論はあるものの副田氏系図が大なり小なり影響を及ぼしてきたことは間違いあるまいと思われる。

さて、物証、即ち伝世品松ヶ谷作品と一致、または強い共通性のある陶片の出土については九陶では有田猿川窯出土の素焼きの変形小皿陶片数点を該当作品としてあげている。

この見解は昭和六十三年、神奈川県博「鍋島展図録『鍋島』—藩窯から現代まで」の中で既に大橋康二氏が記述されている。

また、この陶片について直近の報告としては、伊万里市教育委員会、船井向洋氏が「初期鍋島について」（「将軍家の器」日比谷図書文化館、平成二十五年一月刊）で詳記し陶片写真三点をあげておられる。

本書上掲写真(1)は、これを転載させていただいた。

九陶で猿川窯出土陶片について、松ヶ谷素地と掲示されているものはこの陶片類のみである。

この出土素焼き陶片が松ヶ谷作品の素地であるのか否かについては、本品が特に特徴の大きい、特殊器形作品でもないので、とてもこれだけでは判断は難しい。

肯定、否定のいずれにしてもかなりの主観的判断は免れないことだろう。

次に、九陶では伝世の松ヶ谷作品類は五寸程度の小皿が多いこと、ハリ支え跡が無いこと、高台削りの特徴などをあげ、松ヶ谷作品類は猿川窯を中心とする岩谷川内地域窯で制作されたと

(2)−1 色絵竜胆文変形小皿（横径 11.7 ×縦径 7.4 ㎝）

(2)−2 上掲小皿とほぼ一致する出土陶片（伊万里市教育委員会蔵）注1より転載

の傍証的主張が永年続けられてきた。

私は明確な物証、即ち伝世品松ヶ谷作品と一致、または強い共通性をもつ出土陶片が永年に亘り示されていないことで近年はこの主張には、はなはだ釈然としない思いであった。否定は出来ないが、肯定も出来難いのが実感であった。

いずれにしても、松ヶ谷作品岩谷川内窯創成説については明確な物証、即ち伝世品と一致、または強い共通性を示す出土陶片の証明が無いままに、次々に推考、推論のみで論理が進められてきたと言う他はない。

(二) 明確な物証の発見

前記の状況の中で、近年に至り事態は一変してきた。制作窯と制作年代について、物証により証明出来る資料類が明確になったのである。

〔1〕制作窯は日峰社下窯

—「松ヶ谷色絵竜胆文変形小皿陶片」出土—

従来、典型的な色絵松ヶ谷作品とされてきた、写真(2)—1「色絵竜胆文変形小皿」と殆ど一致する、写真(2)—2「色絵素地陶片」が日峰社下窯から出土したことが平成二十二年、伊万里市教育委員会、船井向洋氏により報告された。

報告書は次の通り

『大川内山所在の窯跡発掘調査報告、日峰社下窯跡、御経石窯跡、清源下窯跡出土の初期鍋島について、船井向洋』改訂版「初期鍋島」二〇一〇年九月㈱創樹社美術出版刊、関和男編。

（以下注1と記す）

(3)－1　薄瑠璃色絵唐花文小皿（口径 14.5 ×高台径 7.9 ㎝）

(3)－2　上掲小皿とほぼ一致する出土陶片（伊万里市教育委員会蔵）注1より転載

本報告書によると、陶片は日峰社下窯試掘坑七地点Ⅷ層より出土とされている。伝世品の口縁部と一致している。

これにより、従来色絵松ヶ谷変形小皿の典型的作品の一つとされてきたものが岩谷川内窯ではなく、実は日峰社下窯作であることが初めて特定されるに至った。まさに歴史的発見であった。

この小皿は九陶刊、平成十八年「将軍家への献上－鍋島－日本磁器の最高峰」に有田時代の鍋島として掲載されている作品である。

〔2〕松ヶ谷と初期鍋島は日峰社下窯、同年代の作

この陶片の発見は従来、「初期鍋島」と称されてきた一般に器物裏面に染付文様のある一群が松ヶ谷作品類と同窯、同年代の作であることも明示される結果となった。

即ち、報告書によると日峰社下窯出土で伝世品とほぼ一致する初期鍋島作品陶片は次の三点が示されている。

写真(3)－2　薄瑠璃色絵唐花文小皿色絵素地陶片
写真(4)－2　色絵梅流水文変形小皿素地陶片
写真(5)－2　色絵唐花七宝染付地文変形小皿素地陶片

これら出土陶片とほぼ一致する伝世品は写真(3)－1、(4)－1、(5)－1である。

次に、この三点の初期鍋島出土陶片と、色絵竜胆文変形小皿素地陶片、計四点の日峰社下窯跡出土部位は次の通りである。

日峰社下窯跡出土初期鍋島松ヶ谷陶片名	出土部位
松ヶ谷色絵竜胆文変形小皿素地陶片	日峰社下窯試掘坑七・八層地点
薄瑠璃色絵唐花文素地陶片	日峰社下窯C地点試掘坑Ⅵ層
色絵梅流水文変形小皿素地陶片	日峰社下窯C地点試掘坑Ⅵ層
色絵唐花七宝染付地文変形小皿素地陶片	日峰社下窯C地点試掘坑Ⅵ層

(4)－1　色絵梅流水文変形小皿（口径 14.8 ×高台径 8.2 ㎝）

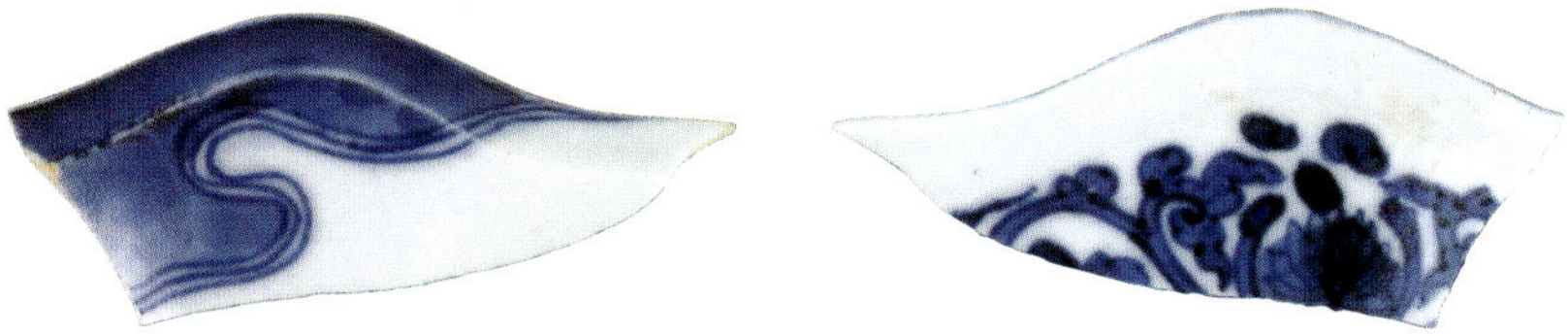

(4)－2　上掲小皿とほぼ一致する出土陶片（伊万里市教育委員会蔵）注1より転載

初期鍋島陶片三点の出土部位は三点共同じであるが、「色絵松ヶ谷竜胆文変形小皿陶片」の出土部位は異なり、試掘抗七地点Ⅷ層とされている。

これと、初期鍋島三点の出土部位は異なっているが両者間に年代差が考えられるのか否かを船井向洋氏に伺ってみた。答えは両者間に差異は認め難いとのことであった。これらは同年代作ということである。

これにより「色絵松ヶ谷竜胆文変形小皿」と、初期鍋島作品と分類されてきた作品類三点は共に、日峰社下窯において同年代に制作されたものであることが特定できることとなった。

従来、松ヶ谷作品類が初期鍋島作品類より先行する年代作との見方があったが、これは妥当ではないことが確認されることとなった。

さて、次に大きな問題が残っている。それは松ヶ谷作品、初期鍋島作品の制作年代の問題である。古窯跡出土品では制作窯は確認されるが、その制作年代は、なかなか判り難い。

しかし、日峰社下窯作品については希有とも言える幸運資料が発見されたのである。

明暦三年（一六五七）一月十八日被災の江戸城跡出土陶片類である。

(三) 制作年代 明暦二年（一六五六）六月頃以前と特定出来る資料

―「明暦三年一月十八日被災、江戸城跡出土の松ヶ谷陶片類」―

明暦三年一月十八日被災、江戸城跡出土の肥前磁器陶片資料類について、本書は水本和美氏論考『明暦三年（一六五七）被災、

(5)－1　色絵唐花七宝染付地文変形小皿（横径 16.9 ×縦径 14.0 ㎝）

(5)－2　上掲小皿とほぼ一致する出土陶片（伊万里市教育委員会蔵）注1より転載

江戸城跡出土の初期鍋島陶片』（「鍋島」誕生期から盛期作品まで、小木一良、水本和美共著、創樹社美術出版、平成二十三年九月刊）（以下注2と記す）より引用させていただいた。

出土陶片類は明暦三年一月十八日被災の江戸城跡出土品類である。

出土陶片類の制作年代の理論的下限値は被災日、即ち明暦三年一月十八日であるが、実際問題としては製品が制作され、納品されるまでには最低でも半年程度の日時は要したと思われるので、出土陶片類の制作時期は明暦二年六月頃までで、明暦時代の可能性は約一年程度、大半はその前の承応時代（一六五二年九月～五五年四月）を中心とし、可能性としてはその前の慶安時代（一六四八年～五二年）も一部考慮に含む年代となろう。

いずれにしても、出土陶片類の制作下限年代は明暦二年六月頃と固定出来る。

さて、この出土陶片資料の中に、松ヶ谷作品が存在していれば、その制作年代を僅かな誤差範囲内で特定出来ることになる。

非常に幸運にもこの出土陶片中に、松ヶ谷作品と特定的に考えられるもので、しかもその制作窯を日峰社下窯と確定的に考えられる貴重陶片が含まれている。

確認出来ると思われるものは次の二点である。

写真(6)　瑠璃縄陽刻竹葉形文尖輪花小皿陶片
写真(7)　瑠璃白抜き竹葉形文向付陶片

この二点については写真と共に、二章「明暦三年一月被災、江戸城跡出土の伊万里磁器」「松ヶ谷作品」の項に詳記するので、これを参照いただきたい。

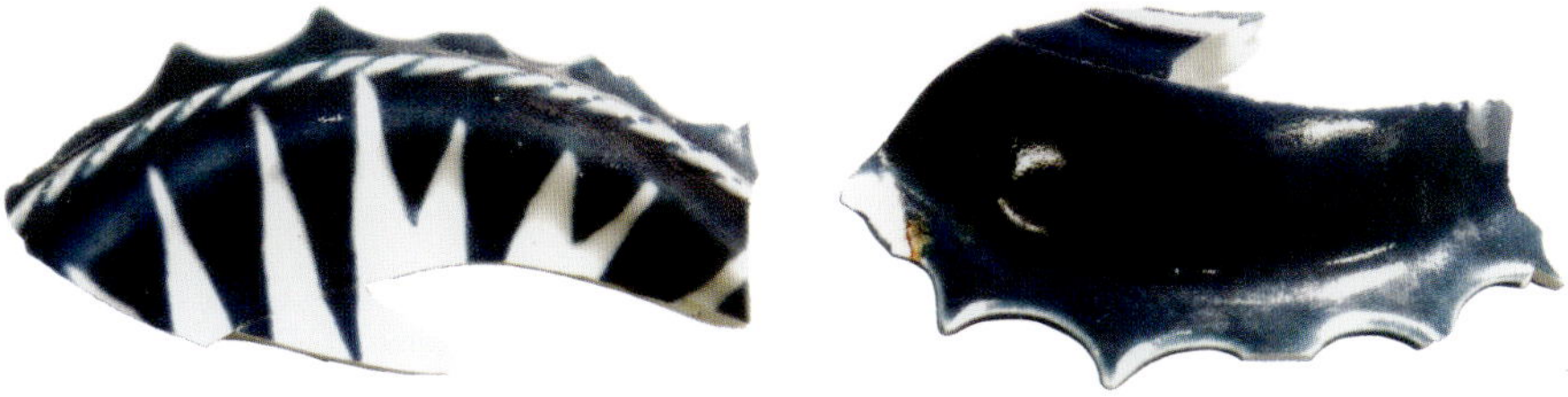

⑹ 瑠璃縄陽刻竹葉形文尖輪花小皿陶片（千代田区教育委員会蔵）注２より転載

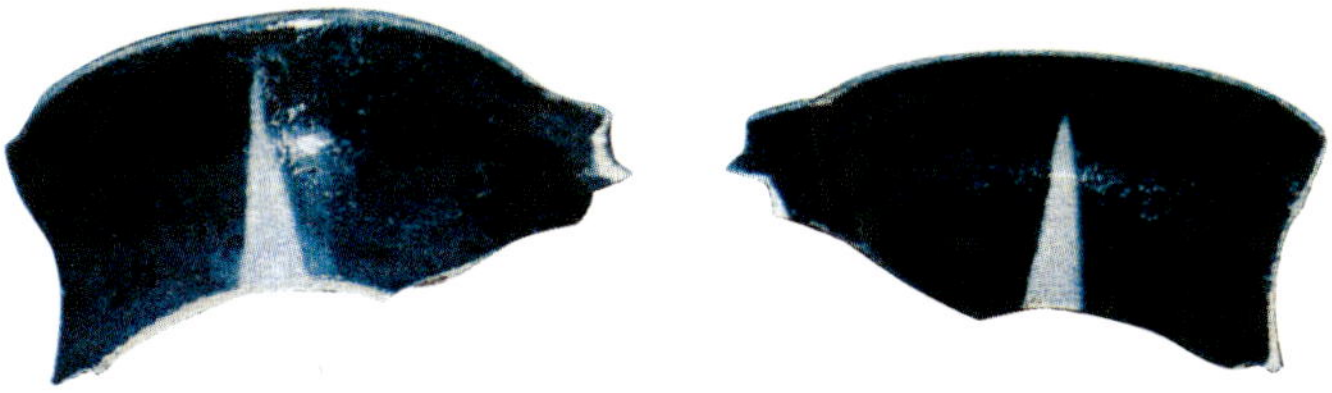

⑺ 瑠璃白抜き竹葉形文向付陶片（千代田区教育委員会蔵）注２より転載

㈣ 小括

従来、色絵松ヶ谷伝世作品については同一、又は酷似する陶片の出土が確認されないままに、その制作窯は岩谷川内地域窯と、推考が続けられてきた。

これがようやく、「色絵竜胆文変形小皿」と殆ど一致する陶片出土が日峰社下窯で確認され、一点ではあるが制作窯が確認されるに至った。

初めての物証に基づく解明であった。

次に残る大きな問題は、その制作年代の確認である。この問題も客観的物証は見出されないままに、傍証的観点から一六五〇年代、或いは六〇年代などと人によりいろいろな主張が続けられてきた。

しかし、これも明確な物証に基づく解明を見るに至った。

明暦三年一月被災の江戸城跡出土陶片中に松ヶ谷と考えられるものは数点存在している。

非常に幸運にもその中の二点は日峰社下窯作品と考えられるものである。

これらは正確な制作年代の確認は無理としても被災日より以前、常識的には承応時代を中心とする年代作であることは確認出来ることである。

この二点については二章「松ヶ谷作品」の項で詳記しているので、これを参照いただきたい。

松ヶ谷作品類の制作年代を初めて物証により立証することの出来る唯一の貴重資料となるものである。

例数は僅かだが、ようやく推考を脱し、物証的に確認出来ることとなった。

二章　明暦三年一月被災
江戸城跡出土の伊万里磁器
鍋島藩贈呈作品類　—初期伊万里、古九谷様式、松ヶ谷作品—

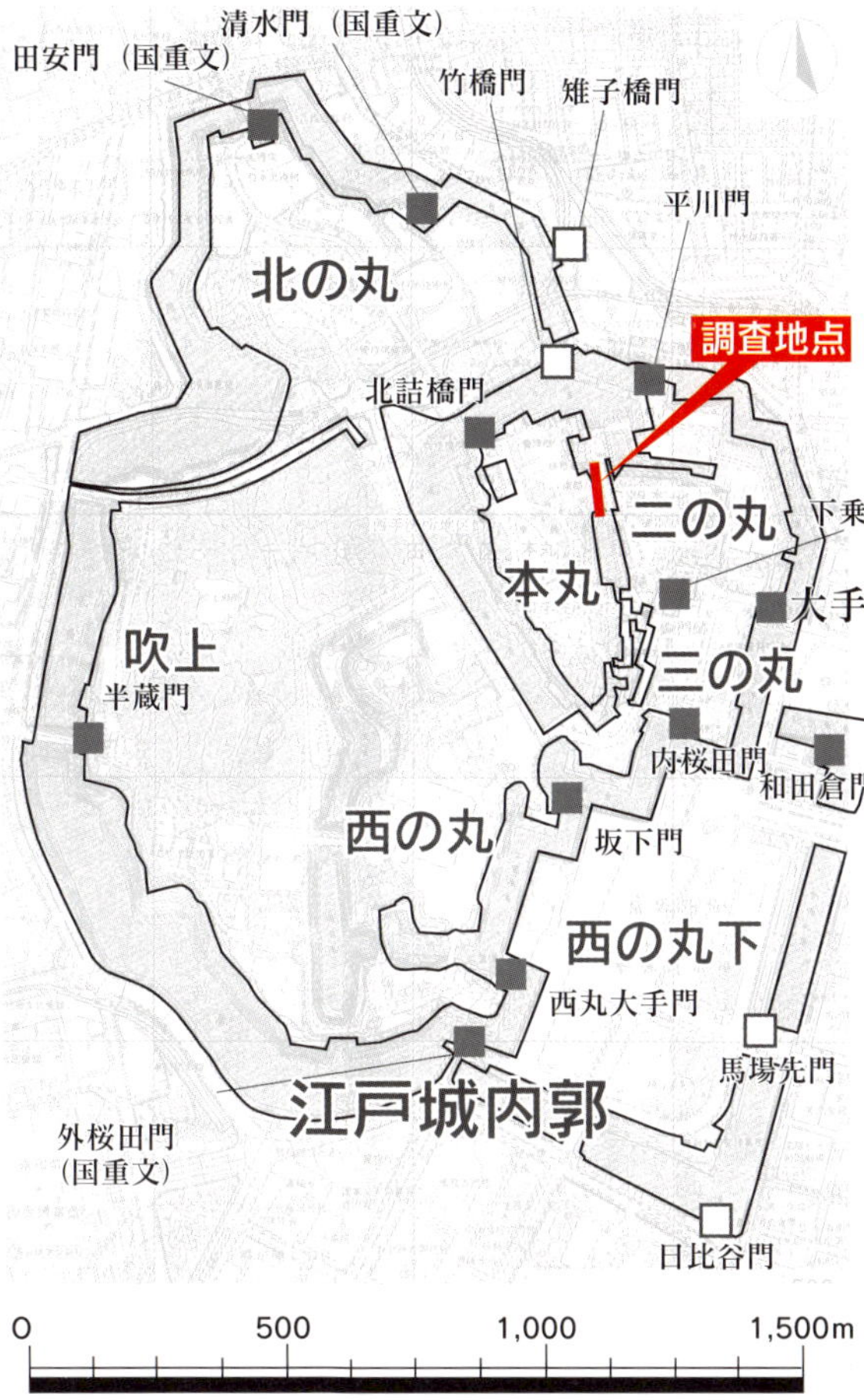

⑻ 江戸城跡・汐見多聞櫓台石垣地点の位置（注２より転載）

本書記載の江戸城跡出土伊万里磁器資料類は水本和美氏論考（注２）より引用させていただいた。

本論の前に、以下の二点についてお断りしておきたい。

一点は、この出土陶片類は明暦三年（一六五七）一月十八日被災の江戸城跡出土品であるが、それは江戸城内で、どのような身分の人達の使用品であったのかは判りにくい。

出土場所が汐見多聞櫓台石垣地点（上図⑻参照）で、本丸にごく近い場所であることや、優れた中国磁器類と供伴出土していることなどからみると、使用者の身分は江戸城内の高位者であったと思われる。将軍が含まれるか否かは判らない。

もう一点は、この伊万里磁器のうち、初期伊万里類は鍋島藩の贈呈品であったのか、或いは日用品として幕府側が購入したものかは判り難い。

一般論的に考えると、当時の幕府権力と外様大名との圧倒的な力関係や一般慣行からみて、鍋島藩による贈呈品であったとみるのが妥当のように思われる。私見に過ぎないが、これを前提としておきたい。

なお、受領者は幕府か、将軍家か、又はその他の可能性もあり得るのか否かについては判り難い。明確な記録のある鍋島盛期の作品に至ると、将軍の他、幕府重臣らへの贈呈も明らかであることからみて受領者は将軍と固定して考えるより、幕府（又は幕府側）としておく方が無難なように思われるので、以降、受領者は幕府又は幕府側と記したい。

出土陶片類は、「初期伊万里」「古九谷様式品」「松ヶ谷作品」の三種類がみられる。

(9) 吹墨花鳥文小皿（千代田区教育委員会蔵）注2より転載

(10) 窯ノ辻窯出土吹墨小皿

(一) 初期伊万里作品類

「吹墨花鳥文小皿」類がかなりの数出土しており、水本氏は三点を写真にあげている（写真(9)）。このうち二点は蛇の目高台である。

この作品類は非常に判り易い。同類作品は「窯ノ辻窯」（佐賀県杵島郡山内町大字宮野）から多数出土している。（参考写真(10)）の四点は同窯出土品である。拙著『初期伊万里の陶片鑑賞』（創樹社美術出版刊、平成四年）に掲載したものである。江戸城跡出土品と同類陶片である。

この窯と作品類については早くに精査されており、佐賀県立九州陶磁文化館の報告書が出されている。（『窯ノ辻　ダンバギリ、長吉谷－肥前地区古窯跡調査報告書』昭和五十九年）。

蛇の目高台小皿類は物原中層部からみられ、大体正保時代（一六四四〜四八）頃作とされている。

下層部からは蛇の目高台ではなく、通例の高台作りの小皿類がいろいろ出土している。この窯の出土陶片類は特徴が大きいのでよく判り易い。幸いにも出土陶片と全く一致する伝世品で、「寛永十九年」銘の箱書がある作品が知られている（写真(11)）。

江戸城跡出土の初期伊万里は、この他に他窯作品が少し存在している。

さて、江戸城跡出土の初期伊万里類をみると、意外に感じられるのは「窯ノ辻窯」作品が多い点である。

この窯は有田中央部の窯ではなく、有田東端より更に大きく外側で、所謂外山の窯である。百間窯に隣接しており、初期伊万里としては優れた作品類を制作しているが、有田中心部からは最も離れた場所に所在している。

この外山の窯の作品類が贈呈に用いられていたということは、当時の鍋島藩贈呈品は特定の窯作品に限定されたものでは

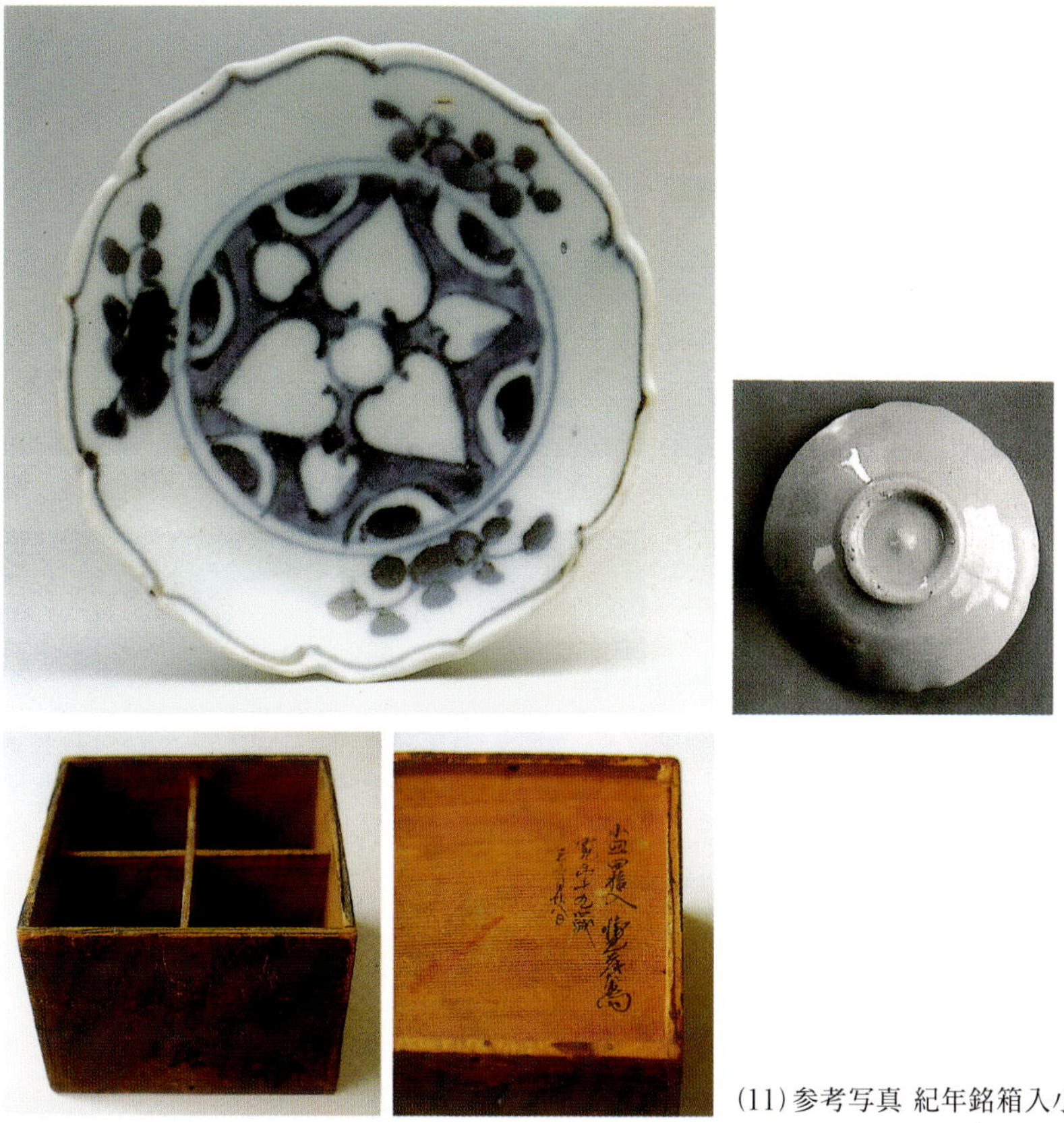

(11) 参考写真 紀年銘箱入小皿

なく、藩内諸窯の作品類から広く選定されたのだろうと推測される。

吹墨作品は中国直模の絵文様で、非常に興味深いものであり、これが選定理由になったものと思われる。

この事実は、当時、贈呈用に特定窯の作品が用いられたとは考え難いことである。即ち、御道具山的制度は未だ出来ていなかったものと思われる。

さて、有田諸窯の作品類から選定し、贈呈する場合、自ずと功罪が生じよう。

有利点は多数種類の作品類の中から広く選定出来るので、品揃えが行い易い点であろう。

反面、面白くない問題の発生も考えられる。受領者、即ち幕府側からみると、受領作品と同類品が一般市中にも存在するのである。何らかの折に、そのことが察知されると幕府側としては決して楽しいことではあるまい。大げさに言えば、自尊心、優越感を大きく損ねかねないことだろう。

こうした可能性も起こり得たかもしれないと思われる興味深い資料がある。

写真(11)の小皿である。この小皿は四十枚が木箱に入り伝世したもので、同類陶片が窯ノ辻窯物原下層部から多数出土しており、同窯作と特定出来るものである。箱書があり、側面に「南京焼小皿四拾入」。裏面に「小皿四拾入、掛見茂左衛門、寛永十九歳九月二十八日」と書かれている。掛見茂左衛門は関西の富裕商人であったと思われる。

本例はたまたまの一例だが、こうした例、即ち幕府側への贈呈同類品が市中で見出されるということは決して無いとは言い難いことであったろう。何らかの不快問題が生ずると、贈呈者が目指した政治的効果が一挙に失われかねないことであったかもしれない。

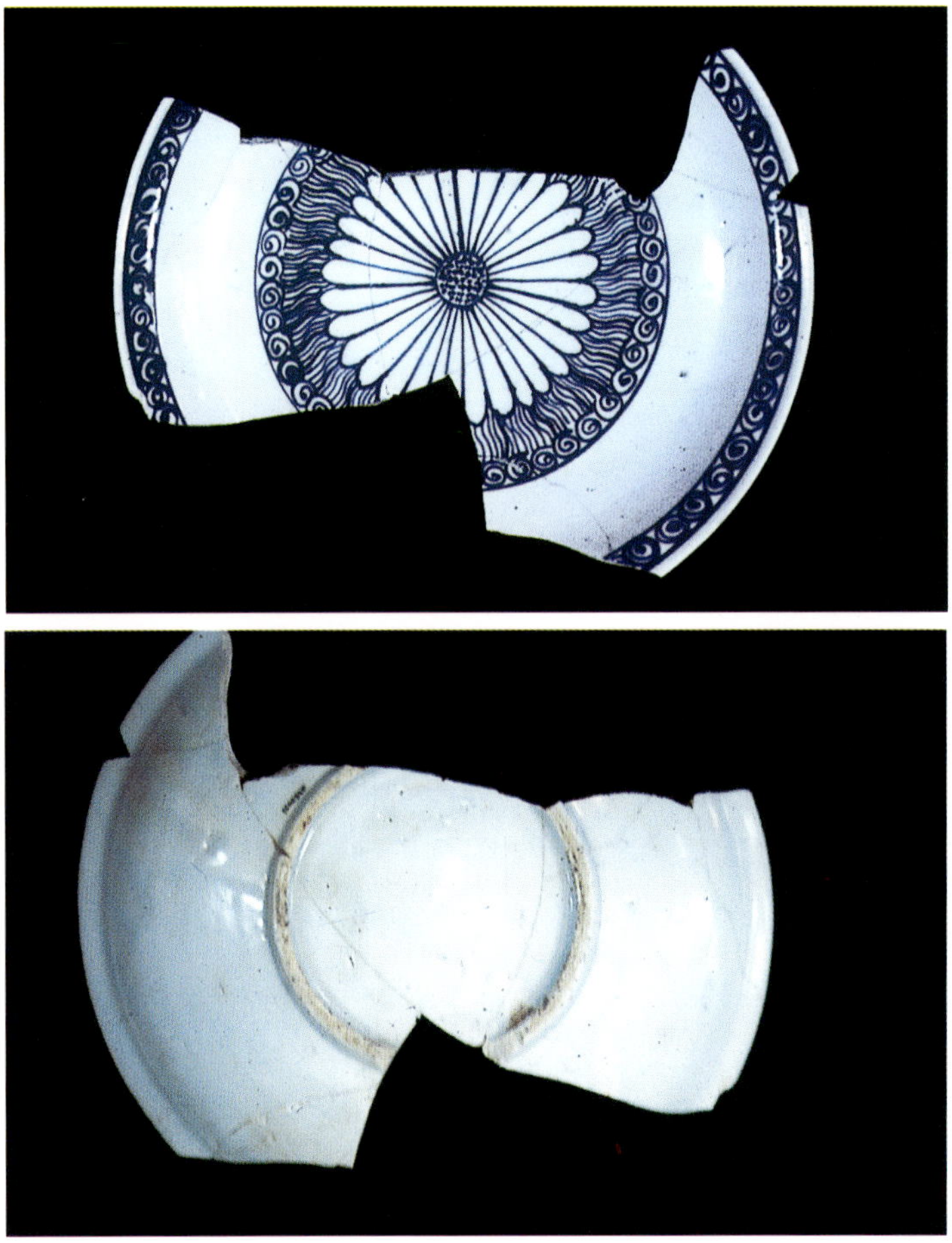

(12)菊花文中皿加賀前田藩江戸屋敷出土品（東京大学埋蔵文化財調査室蔵）

この恐れについては鍋島藩は直ぐ気がついたことだろう。次の慶安時代（一六四八～五二）頃に至ると特定の窯で、特定様式作品類を主体に制作し贈呈が行われ始めたと思われる。

江戸城跡出土の古九谷様式作品類が如実にそれを示している。

因みに、初期伊万里が幕府に贈呈され始めたのはこの出土陶片、窯ノ辻窯作品が最初であったのだろうか。必ずしもそうとのみは考え難い。

加賀前田藩江戸屋敷跡（現東京大学本郷校）から天神森窯作とみられる「菊花文中皿」が出土している（写真⑿）。この窯は、寛永十四年春、窯場統廃合により閉窯している。加賀藩はそれ以前に初期伊万里を購入していたことが判る。

これと対比して考えると、幕府への初期伊万里贈呈は窯ノ辻窯作品より早い段階から行われていた可能性は高いと思われる。

しかし確認出来る物証としては、窯ノ辻窯作品が最初である。

(14)・(15)高台畳付部分

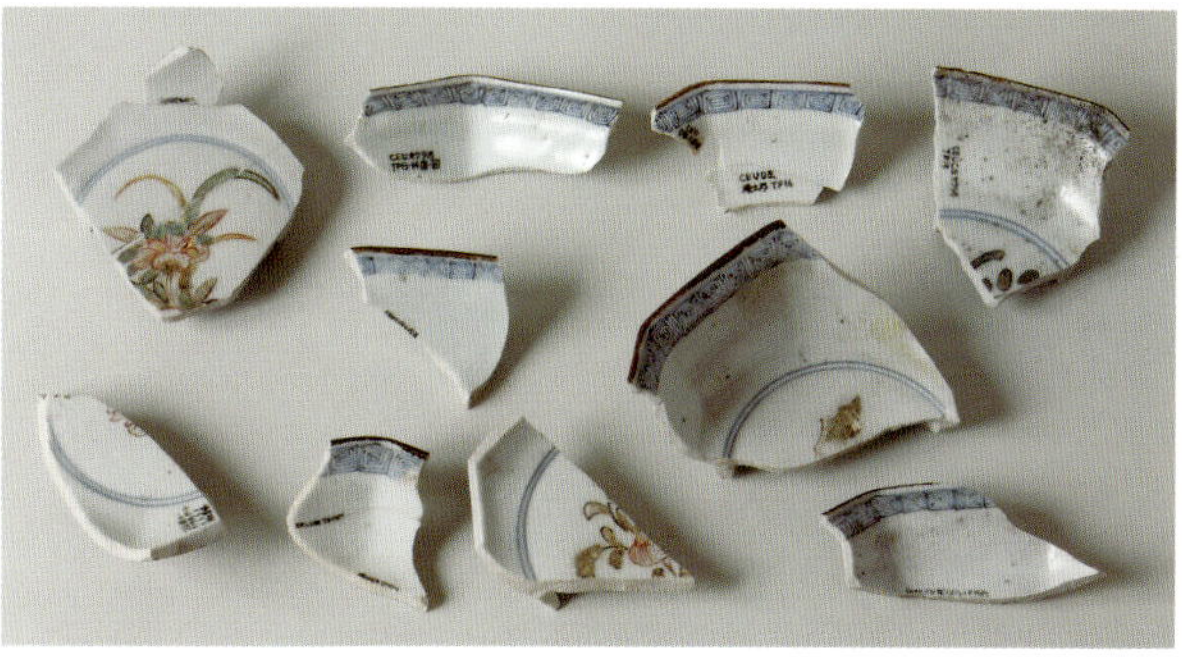

(13)南京手古九谷作品類(千代田区教育委員会蔵)注2より転載

(二) 古九谷様式

初期伊万里につぐ年代作品としては、古九谷様式作品がみられる。初期伊万里や松ヶ谷作品類に比べると、はるかに多量の陶片が出土している。また、この様式作品は単に数量のみの問題ではなく、明らかに一つの統一性が認められる。

〔1〕出土陶片の主体は南京手古九谷作品

多量に出土している古九谷様式陶片類には一つの特徴がみられる。

大皿、中皿類も少しはあるが、大半は染付と色絵を併用した、一般に「南京手」と称される小皿類が主体を占めている。(写真(13))

松ヶ谷陶片類の出土は全部で四十三点と水本和美氏は報告されているが、南京手の古九谷様式作品はこれに比べるとはるかに多量である。

〔2〕出土の南京手古九谷作品の特徴

出土の南京手古九谷作品類は作ぶりからみて、岩谷川内地域、猿川窯を中心にその近在の窯により制作されたものと思われる。

出土の南京手古九谷陶片には一つの大きな特徴がある。

高台畳付直上の釉切れ部分をみると、釉薬が鋭い刃物ででも切り落とされたかの如く、一直線に切り取られている。写真(14)(15)を参照いただきたい。

この手法作品は伝世品の古九谷様式作品を多数調べてみてもごく僅かにみられる程度である。しかし、江戸城跡出土陶片には多数みられる。

この手法は明らかに一般作品類との区別を意図して制作されたものと思われる。

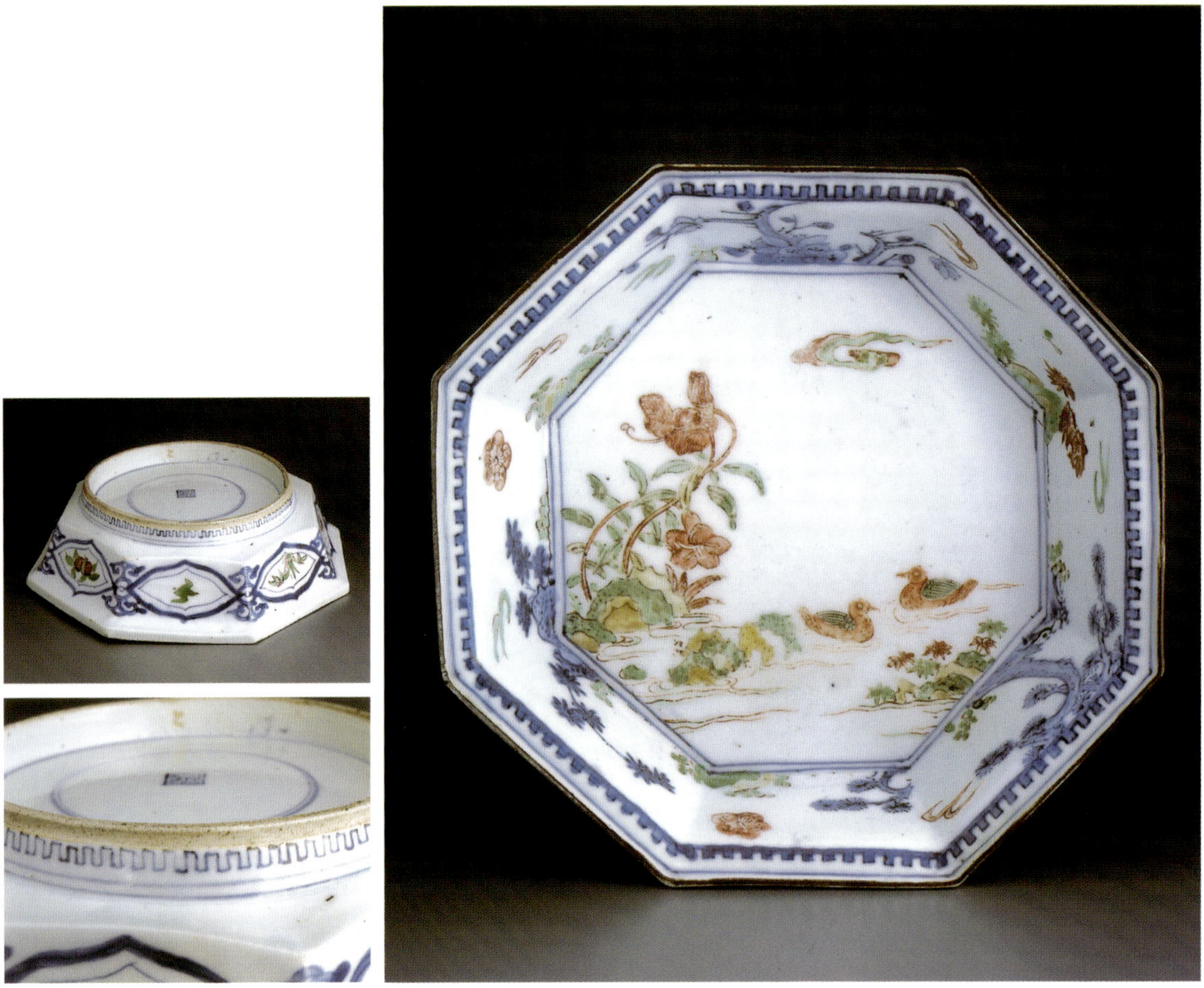

(16) 色絵花鳥文八角鉢（口径 21.7 ㎝）

江戸城跡出土陶片中で、古九谷様式品に至り、明らかに初期伊万里作品類とは異なり、特定の窯、特定の手法作品に統合されてきており、統一された献上品の始まりとみられる。初期伊万里作品類は鍋島藩による単発的な「贈呈品」、古九谷様式品以降は定形化した「献上品」という表現が妥当のように思われる。

高台釉切れ部分の処理手法は、中国磁器、「祥瑞」にみられる手法と共通している。当時、憧憬の祥瑞手法を模したものと思われる。便宜上、以降この釉切れ部分の処理を「祥瑞風処理」と記させていただこう。

〔3〕「祥瑞風処理」古九谷様式作品類

高台釉切れ部分が「祥瑞風処理」されている古九谷様式作品類を伝世品の中から探してみると、確認出来るものは少なく、古九谷様式作品全体の中に占める比率はごく小さい。

しかし、一見して作品類は優品揃いである。この手法作品類は何らかの意図の下に制作されたものと考えられる。皿類に限らず藍九谷筒形碗などにも同手法は見られる。

確認している作品のうち、藍九谷を含め、五点を写真にあげてみた。

写真(16) 色絵花鳥文八角鉢
写真(17) 色絵花鳥文方形中皿
写真(18)「承応貳歳」銘、色絵五三桐文方形小皿
写真(19) 藍九谷「三つ葉葵文小皿」
写真(20) 藍九谷「松文筒形碗」

この他、大鉢優品や立体の名品類などもこの手法作品は一部存在している。

これらは色絵、染付共に古九谷様式の優品ばかりである。写真(19)の「三つ葉葵文小皿」は徳川家家紋であり、徳川氏と直結

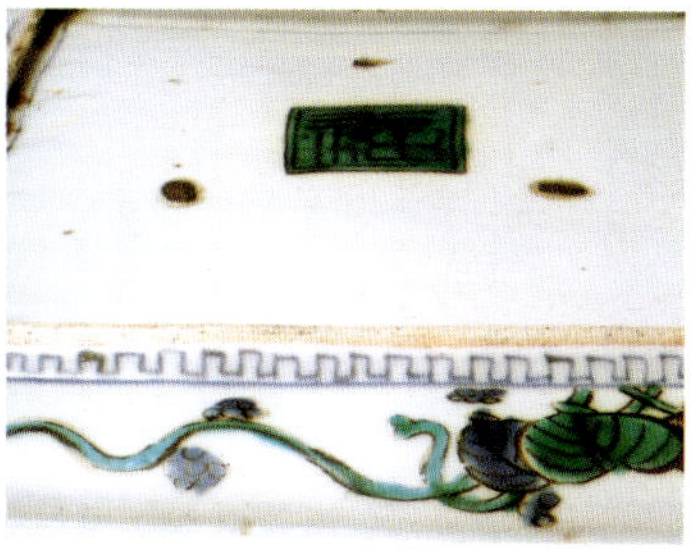

⒄ 色絵花鳥文方形中皿（辺径 19.5 ㎝）

⒅ 承応弐歳銘色絵五三桐文方形小皿（辺径 13.7 ㎝）

して考えられる作品である。

未だ現段階では、この手法作品類が如何なる目的で作られたものか判りようもないが、何らかの優品指向を意図したことは間違いあるまいと思われる。

恐らく中国磁器、「祥瑞」に対応しうる優品であることを強調したかったのだろうと推測される。

慶安四年四月、将軍が伊万里磁器を直接に見たという記録が知られている。これは恐らく伊万里磁器が中国に劣らぬ、あるいは同等、乃至それ以上の作ぶりに至ったと言う鍋島藩自負の宣伝的主張が功を奏した結果なのかもしれない。

その対象作品は本章掲示の同類品、南京手祥瑞風高台処理作品類であった可能性が高かったのではないかと思われる。あるいは藍九谷「三つ葉葵文小皿」もその一つであったかもしれない。

慶安時代を含むと考えられる南京手古九谷様式の高台祥瑞風処理作品類は工芸的には一見、中国祥瑞作品に比肩しうる作品と考えられたことかもしれない。この作品類が岩谷川内御道具山の最初の献上品であったと思われる。

この種の南京手古九谷様式作品類については今後よく調査、検討を要する問題と考えられる。

〔4〕御道具山の伝承と物証

従来、藩窯に先行する御道具山の起源については副田氏系図が素因と思われるが、岩谷川内地域窯からとの見方が主体となってきている。

江戸城跡出土の作品類をみると、初期伊万里については御道具山による管理された作品類であったとは考え難い。

次の古九谷様式作品になると、明らかに統一、管理された作ぶりを示しており、これが御道具山による献上のための作品の始まりであろうと考えられる。

(19) 藍九谷三つ葉葵文小皿（口径 13.8 cm）

(20) 藍九谷松文筒形碗（高さ 8.7 cm）

御道具山岩谷川内創成については従来の伝承と、江戸城跡出土陶片の物証の両面がよく一致している。

しかし、大きな問題が残っている。

従来の伝承的見解をみると、御道具山最初の作品は「松ヶ谷」タイプ作品であったとの見方が主体を占めてきている。

江戸城跡出土陶片類をみると、端正に規格化された鍋島藩最初の献上品は松ヶ谷調作品ではなく、本項にあげたような古九谷様式作品であったとみざるを得ない。

江戸城跡出土の「松ヶ谷」調作品類は南京手古九谷様式作品類より少し遅れる年代作と考えられる。

また、最近の新発見資料類からみて、松ヶ谷作品の制作窯は岩谷川内の窯であるとは考え難く、日峰社下窯と考えられる。

献上品の始まりを松ヶ谷作品と考えたのは「献上品＝鍋島系作品」のハズとの思い込み、先入観念に起因したものと思われる。

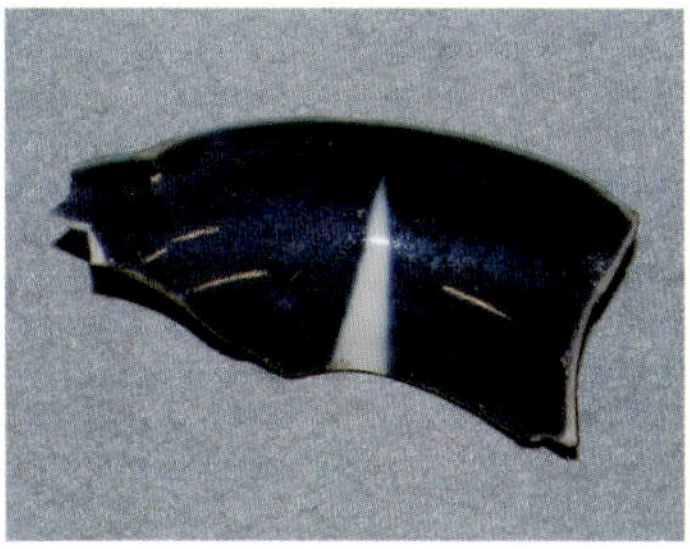

(21) 松ヶ谷出土陶片全図（21～23頁まで）注２より転載

(三) 松ヶ谷作品

写真(21)出土陶片一覧図

江戸城跡出土陶片中に松ヶ谷作品と思われるものはいろいろ存在している。水本和美氏は個体数は別として、陶片数では四十三点とされている。

古九谷様式作品類と比べると数量的にははるかに少ないものの、出土陶片によりこの様式作品が被災時、明暦三年一月以前に江戸城に納められていたことは明確となった。

松ヶ谷作品の制作年代に極めて近い下限年代を確認出来る物証としては、恐らく本例が唯一のものであり、非常に貴重な資料である。

四十三点の出土陶片類は被災による変化が著しく、また小片類が多いため、その細部については判りにくく、それが松ヶ谷か、古九谷様式作品のいずれであるかは、判断出来難いものが多い。

しかし、このうち数点については明らかに松ヶ谷作品で日峰社下窯作と特定的に考えられるものがある。

後掲の作品類二点（写真(22)(26)）である。（本頁上記二点も同）

また、この二点と関連する資料については～(27)までにあげてみた。

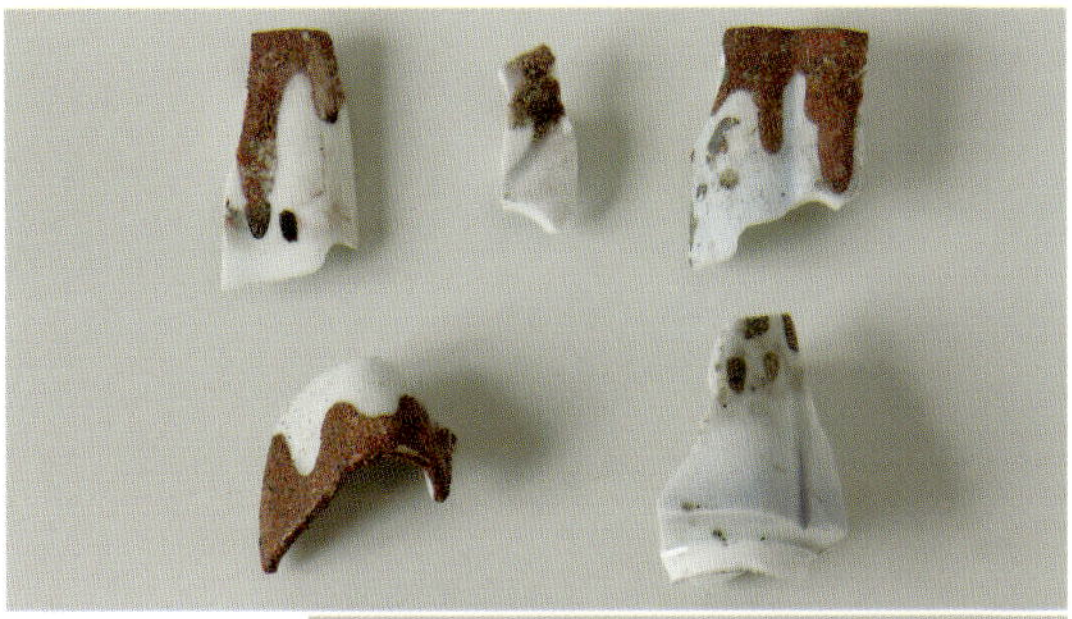
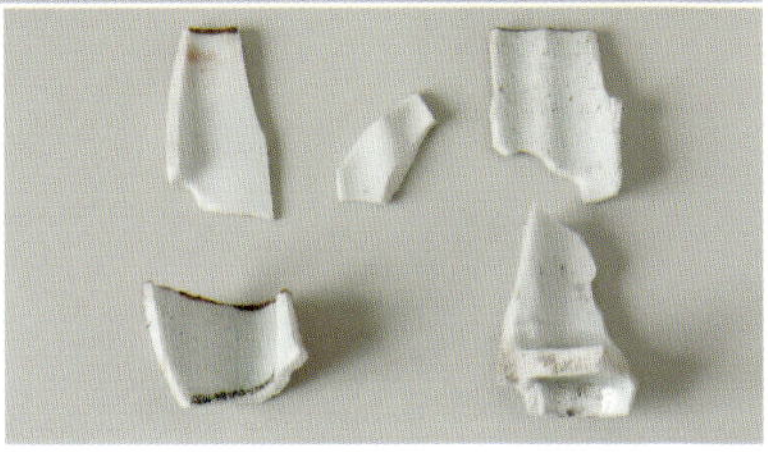
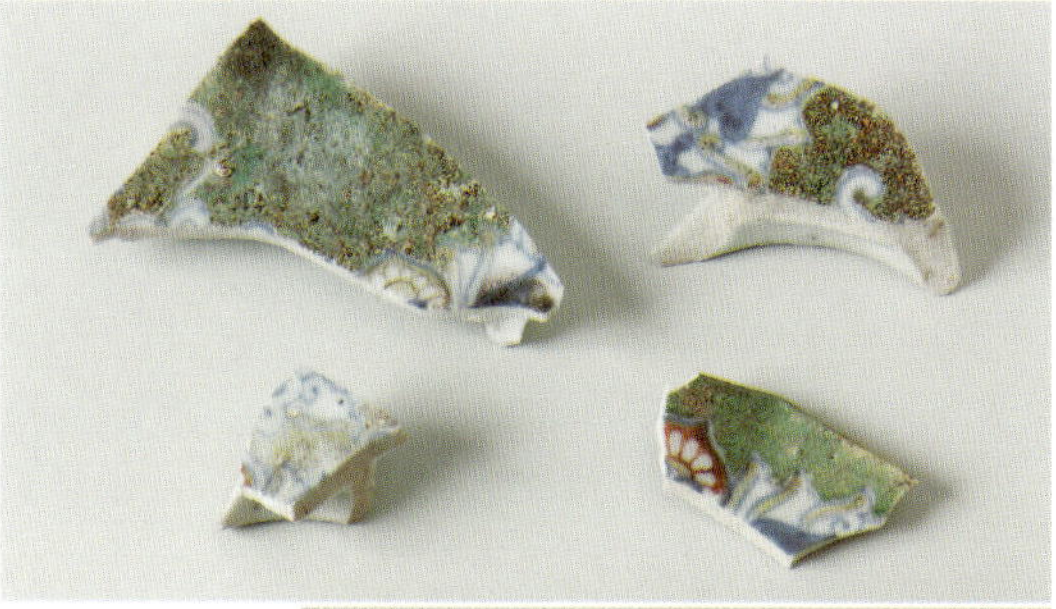

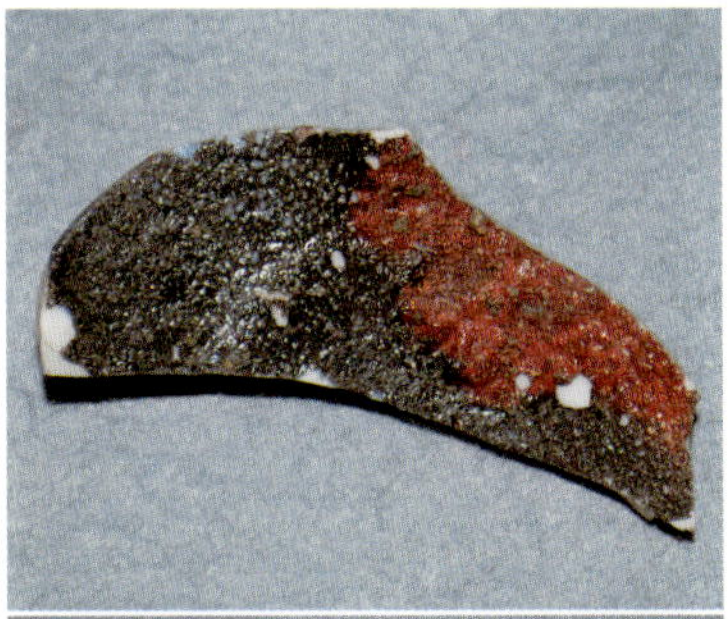

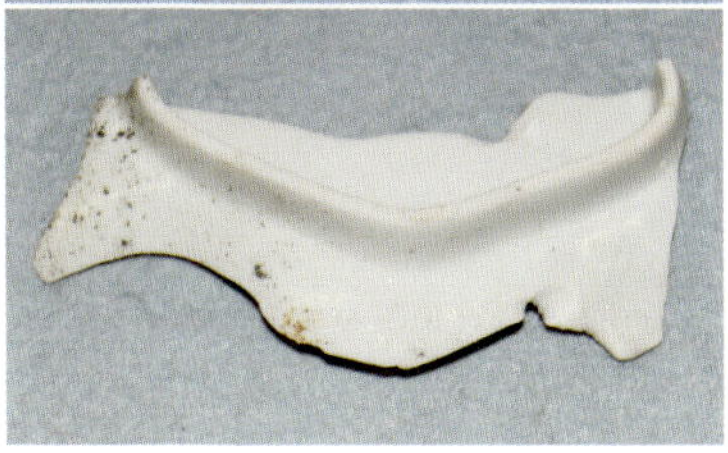

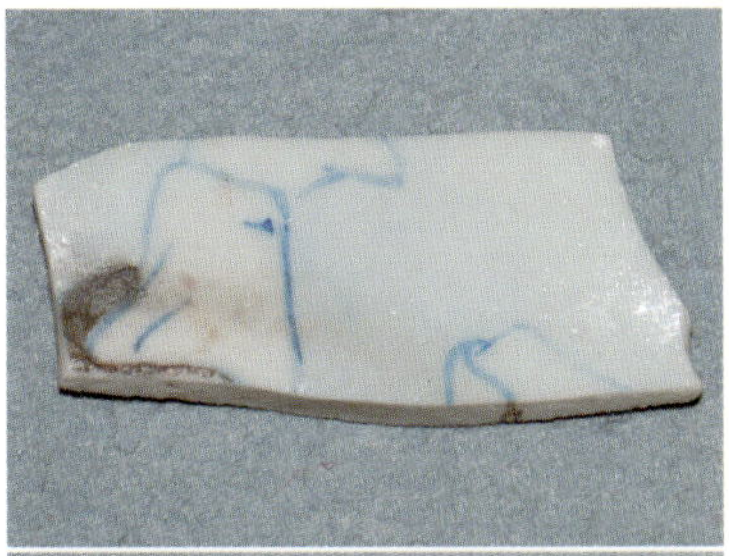
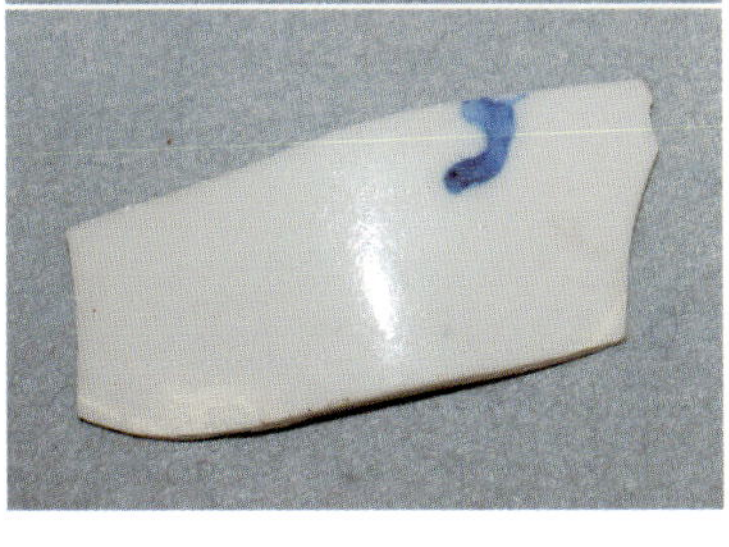

⑵ 瑠璃縄陽刻竹葉形文尖輪花小皿陶片（口径約17.0㎝）注2より転載

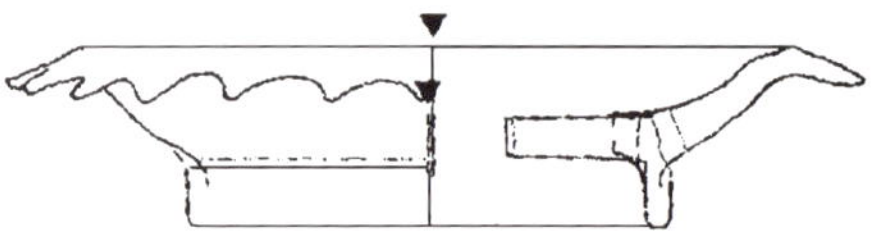

参考図（注2より転載）

写真(22)瑠璃縄陽刻竹葉形文尖輪花小皿陶片

周辺部を尖った輪花とし、縁部に接して陽刻縄文を廻らせ見込には竹葉形文を描いている。

口径は十七センチ程度、周辺輪花数は二十五と思われる。高台は別個体があるので、これと併せてみるとやや高いが古鍋島五寸皿類と対比すると幾分低く、器高は二・三〜二・五センチ程度である。

左の参考図は本品の復元断面図である。

この出土陶片と殆ど同一と言える器形（写真(23)）の伝世品がある。本品は瑠璃釉ではなく、青磁作品である。

⑵③ 青磁縄陽刻文尖輪花小皿（口径16.5×高台径8.2×高さ2.5㎝）

写真㉓青磁縄陽刻文尖輪花小皿

青磁作品であるが、器形は前掲瑠璃出土陶片と酷似している。口径十六・五センチで出土陶片とほぼ近似しており、縁廻り輪花数は二十五、器高は二・五センチで共に一致している。又、側面から器形をみると両者共、縄部分が最も高く器縁先端部分は少し下がっている。前頁参考図と共通している。

この青磁小皿伝世品は、日峰社下窯出土の青磁陶片類と対比し、またその他諸点からみて日峰社下窯作品と考えられる。

以上から江戸城跡出土の同形瑠璃陶片（写真㉒）は日峰社下窯作と考えられる。また日峰社下窯作と考えられる、伝世品、同形青磁小皿の制作年代は江戸城被災時より少し遡る承応時代（一六五二〜五五）を中心に考えられることになる。

出土の瑠璃陶片、伝世の青磁小皿共に同窯、同年代作品と特定出来よう。

(24) 瑠璃捻り刻文縁如意頭繋ぎ輪花小皿（口径15.4×高台径7.2㎝）

写真(24)瑠璃捻り刻文縁如意頭繋ぎ輪花小皿

皿周辺部は二十七の如意頭形輪花とし、その直ぐ内側に陽刻圏線を廻らせ、見込は縁文様にあわせて二十七の捻り線文を渦状に刻している。裏面は無文様で高台はやや高い。

この小皿の釉調は前掲、明暦三年一月被災江戸城跡出土の(22)「瑠璃縄陽刻竹葉形文尖輪花小皿陶片」と酷似している。

また、造形もよく共通している。縁廻り部分、器形、文様は異なるが、全体的造形、高台作りなどは同一と言える程酷似している。更に、高台の高さは一般的初期鍋島小皿（五寸）類と対比すると両者共にやや低い。

次に器形上の大きな共通点は器物の側面形である。写真(22)の参考図は「瑠璃縄陽刻竹葉形文尖輪花小皿出土陶片」の横断面図だが、これと殆ど同形である。即ち、皿縁陽刻線文部分が一番高く、器縁先端に向かい垂れ下がっている。

更に、この器形は先掲伝世品「青磁縄陽刻文尖輪花小皿」（写真(23)）も全く同じである。

これら三小皿作品はこの器形を意図して作られたものであることが判る。また、その周辺部輪花数は前二者は共に二十五、本品は二十七で、三点共奇数である。

周辺文様の奇数割りは偶数割りより難しい技術であったと思われる。松ヶ谷作品ならではのことだろう。

この「伝世品瑠璃小皿」は日峰社下窯作と考えられるが、更にそれを補完する資料が次掲青磁中皿である。

⑵⑸ 青磁捻り刻文縁如意頭繋ぎ輪花中皿（口径19.3×高台径10.9×高さ4.2㎝）

写真⑵⑸青磁捻り刻文縁如意頭繋ぎ輪花中皿

写真⑵⑷「伝世品瑠璃小皿」とほぼ類似器形であるが本品は青磁作品中皿である。

前掲⑵⑵⑵⑶⑵⑷三点小皿類と対比し、高台が高く一般的な初期鍋島中皿の高台作りと共通している。

本品は諸点からみて明確に日峰社下窯作と考えられる。また、この中皿の存在により前掲、ほぼ同形の写真⑵⑷「瑠璃小皿」も同窯作であることが確認出来る。

明暦三年一月被災、江戸城跡出土の⑵⑵「瑠璃縄陽刻文尖輪花小皿陶片」、伝世品⑵⑶「青磁縄陽刻文尖輪花小皿」、同⑵⑷「瑠璃捻り刻文縁如意頭繋ぎ輪花小皿」と本品⑵⑸ほぼ同形青磁中皿の計四点作品はすべて日峰社下窯作品であると確認出来る。

貴重作品類の発見であった。

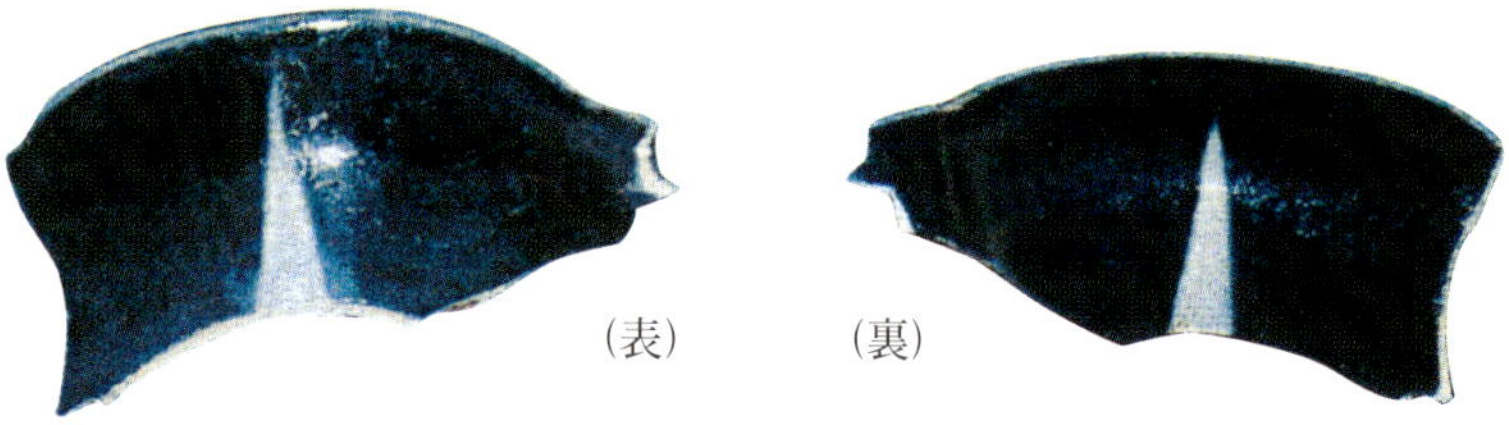

(26) 瑠璃白抜き竹葉形文向付陶片（千代田区教育委員会蔵）注2より転載

(27) 日峰社下窯C地点試掘抗Ⅴ層出土の青磁陶片（伊万里市教育委員会蔵）注1より転載

写真(26)瑠璃白抜き竹葉形文向付陶片と写真(27)日峰社下窯出土同文青磁小皿陶片

写真(26)は江戸城跡出土、瑠璃白抜き竹葉形文陶片だが、完器であれば口径八・〇センチ程度の向付作品と思われる。

写真(27)は日峰社下窯C地点試掘抗Ⅴ層出土の青磁陶片で小皿の縁部分である。器外側に向かって白抜きで竹葉形文を描いている。

写真(26)(27)は瑠璃、青磁の違いはあるがいずれも薄作り作品で、両者白抜きの竹葉形文は酷似している。

両者は同窯、同年代、即ち日峰社下窯、明暦三年より少し以前、承応時代を中心とする作と考えられる。

さて、以上に江戸城跡出土陶片で松ヶ谷作品とみられる二点と、その裏付けとなる作ぶりの日峰社下窯出土陶片類、及び同窯作品とみられる伝世品三点を対比してあげてみた。

これらはいずれも極めて強い共通性があり、いずれも同窯、同年代作、即ち日峰社下窯、承応時代を中心とする年代の作と考えられる。

松ヶ谷作品の制作窯、制作年代については、江戸城跡出土陶片類の解明により、その制作窯は日峰社下窯、承応時代を中心とする時代の作とみることが確認出来ることとなった。

従来、松ヶ谷作品類は岩谷川内地域窯作と考えられてきたが、江戸城跡出土陶片類、及び日峰社下窯出土の「松ヶ谷竜胆文色絵素地陶片」発見の両面からみて、これは妥当でないことが明らかとなった。

⑵8) 青磁陽刻文三角形三脚香炉陶片（伊万里市教育委員会蔵）注1より転載

写真⑵8) 日峰社下窯出土、青磁陽刻文三角形香炉陶片

（伊万里市教育委員会蔵）

青磁陽刻文三角形香炉陶片である。日峰社下窯C地点試掘坑Ⅵ層出土と報告されている。

一面には青海波地文に霞と鳥が陽刻され浮き出ている。

この陶片は二面のみで他の一面と下部が無いが、同類形伝世品は次掲⑵9)作品と他一点が知られており、これらは三脚が付けられている。これらと対比し、この出土陶片は三脚が付けられていたものと思われる。

明確な日峰社下窯、青磁作品の一つと特定出来るものであり貴重資料である。

次掲伝世品⑵9)と対比し、ほぼ同形同類作品で、青磁、瑠璃作品が日峰社下窯で併行して制作されていたことが判る。

貴重出土陶片である。

⑵ 薄瑠璃陽刻文三角形三脚香炉（体径6.4×高さ5.6㎝）

写真⑵ 薄瑠璃陽刻文三角形三脚香炉

薄瑠璃、底面白磁の伝世作品である。前掲青磁出土陶片と比べると器形は僅かに小さいがほぼ同形で、陽刻文は僅かに異なるのみで殆ど一致している。

この薄瑠璃香炉も日峰社下窯、同年代作と考えられる。

この二点を含め、日峰社下窯作品には同一、及至殆ど同形品と言えるもので、釉薬が瑠璃と青磁の両釉作品類がいろいろみられる。

本書掲載品では本例の他、次の三組も同類共通作ぶり品である。

写真⑵「瑠璃縄陽刻竹葉形文尖輪花小皿陶片」と
⑵「⑵とほぼ同形、青磁小皿伝世品」
写真⑵「瑠璃捻り刻文縁如意頭繋ぎ輪花小皿」と
⑵「⑵と共通形、青磁中皿」
写真⑵「瑠璃白抜き竹葉形文向付陶片」と
⑵「青磁白抜き竹葉形文小皿陶片」
両陶片に共通する白抜き文様

瑠璃、青磁釉の同類作品は日峰社下窯が好んで制作したものと考えられる。

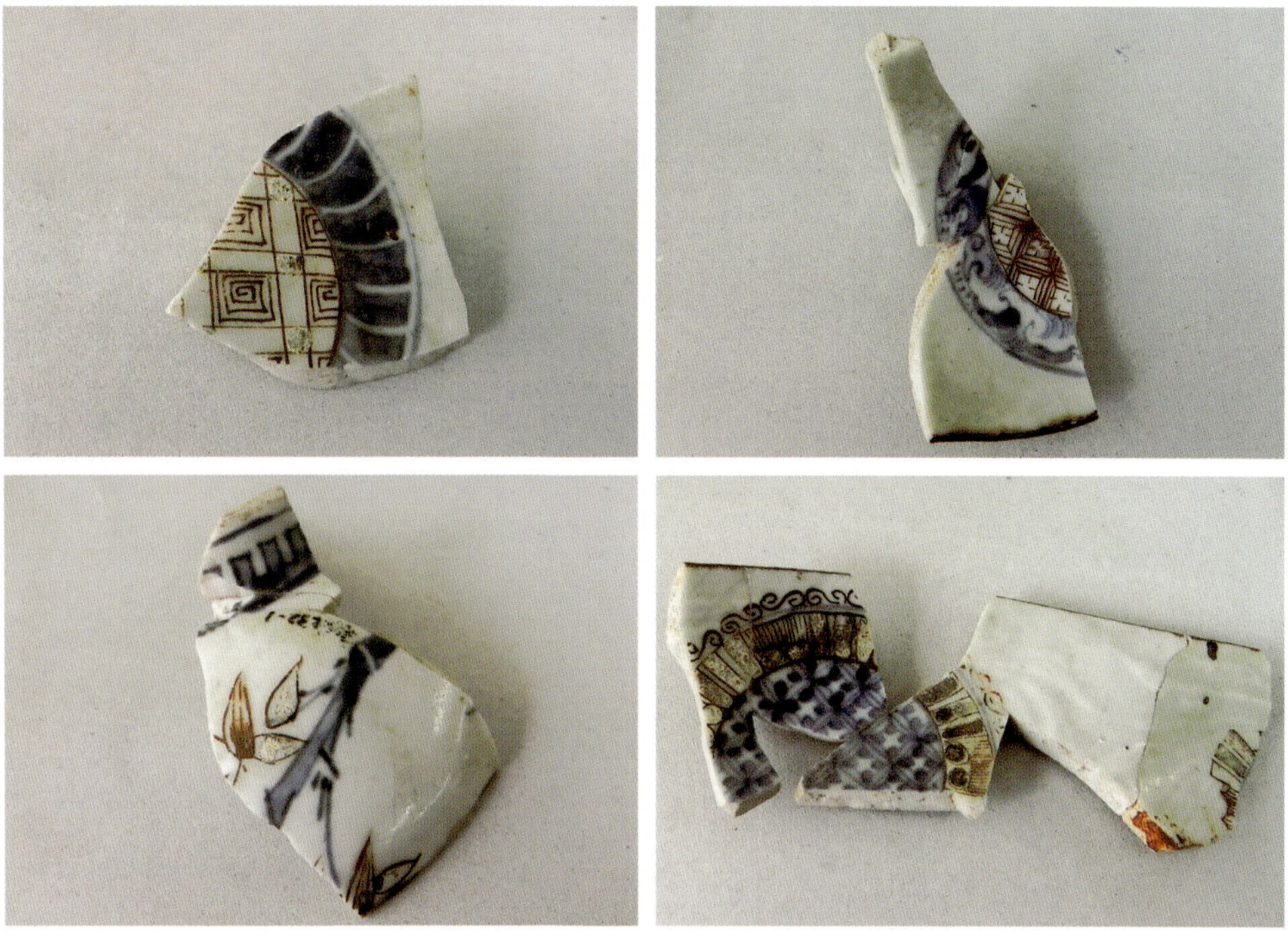

(30) 大聖寺出土陶片（東京大学埋蔵文化財調査室蔵）

(四)「松ヶ谷作品」は幕府献上専用品か
―加賀大聖寺藩江戸屋敷跡出土品との対比・他―

江戸城跡出土陶片類からみて、鍋島藩の伊万里磁器贈呈は年代的に初期伊万里作品、古九谷様式作品、松ヶ谷作品の順であることは明らかである。

初期伊万里作品は別として、献上の古九谷様式作品、松ヶ谷作品類は幕府への献上専用品であったのか、或いは販売品と共用の作品であったのかは極めて知りたい問題である。

この点については非常に判り易い資料があり、この中にいろいろ貴重な作品が含まれている。天和二年（一六八二）被災、加賀大聖寺藩江戸屋敷跡（現東京大学本郷校）出土の陶片類である。

〔1〕献上、販売に共通する古九谷様式作品類

江戸城跡出土の古九谷様式作品類は「南京手」が主体であり、その作ぶりには一つの大きな特徴がある。即ち高台畳付き直上部の釉薬処理が祥瑞風に処理されている点である。

この様式作品は伝世品の古九谷作品中、比率的にはごく少ないと思われるが、ある程度は認められる。従って、古九谷様式作品の幕府献上品は献上専用品ではなかったものと思われる。

これを更に明確に確認出来るのが「大聖寺藩出土陶片」である。出土の古九谷様式作品類をみると江戸城跡出土の同類作品とよく類似しているものが多い。

写真(30)は「大聖寺藩出土陶片」の南京手古九谷陶片である。絵文様、造形など両者はよく類似している。

古九谷様式作品類の幕府献上品は大名など有力購買者への販売作品と同類品が使用されていたことが判る。即ち献上品はそれ専用品ではなかったということである。

⑶2) 陽刻文陶片類（注２より転載）

⑶1) 大聖寺藩出土縄陽刻竹葉形文向付陶片
（東京大学埋蔵文化財調査室蔵）

⑶3) 大聖寺藩出土陶片（東京大学埋蔵文化財調査室蔵）

〔2〕松ヶ谷作品類

結論から先に記すと、松ヶ谷作品類も幕府献上専用品ではなかったと思われる。大聖寺藩出土品の中に江戸城跡出土の松ヶ谷作品と同類品と思われるものがいろいろ存在しているからである。

写真⑶1) 縄陽刻竹葉形文向付

写真⑶1)は器形が筒形の向付作品と思われるが器体上部横に縄陽刻文が廻らされている。また、縦に尖った形の竹葉形文が描かれている。この文様は江戸城跡出土の「瑠璃縄陽刻竹葉形文尖輪花小皿陶片」（前掲写真⑵2)）文様と共通している。

以上から江戸城跡出土「縄陽刻竹葉形文尖輪花小皿陶片」と大聖寺藩出土「縄陽刻竹葉形文向付」は同年代、同窯作の同類品と考えられる。

江戸城への献上と大聖寺藩への販売は同類品が併行して用いられていたと考えられる。

写真⑶2) 陽刻文陶片類

写真⑶2)は江戸城跡出土陶片である。文様の詳細は判り難いが特徴のある陽刻文や丸文が施されている。写真⑶3)は「大聖寺藩出土陶片」である。細部までは判らないが文様、刻文は江戸城跡出土陶片類とよく共通している。両者は同類品とみられる。

但し、この両者陶片が分類上、松ヶ谷作品に入るものか、または、古九谷様式品に区分すべきものかは陶片が小さく、しかも被災しているのでなかなか判りにくい。

しかし、いずれにしても、同類作品が江戸城への献上と、大聖寺藩への販売が併行して同時期に行われていたことは明らかである。

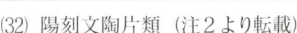

(34) 色絵瓢箪文筒型猪口（高さ6.4㎝）

当時伊万里の最先端作品とも言うべき南京手古九谷と松ヶ谷作品が加賀前田本藩ではなく、支藩の大聖寺藩で購入されていたのは興味深い。

当時は丁度、大聖寺藩が九谷窯創設を目指して燃えていたと考えられる年代である。

自藩の間もなく誕生する予定窯作品の手頭とする意図でこうした伊万里最高品類を購入したのではなかろうか。

単なる推定に過ぎないが一概に否定のみは出来ないように私考している。

〔3〕色絵松ヶ谷猪口、富裕町人層蔵と考えられる箱書伝世品の存在（写真(34)）

松ヶ谷作品とされている色絵猪口が十個共箱に入り伝世したものが少なくとも二組は存在している。

一つは写真(34)「色絵瓢箪文筒型猪口」である。十個が木箱に入り箱書に「錦手猪口」と墨書されている。

いま一つは鉄釉に白抜き染付で瓢箪文が描かれている筒形猪口十個入り箱である。

写真に詳細掲示できず申し訳ないが、この二組作品は鍋島愛好家、専門業者の方々の間では良く知られている。

一般に大名や高級武士層者の所有品には箱書は無いと考えられる。

この二組の松ヶ谷猪口箱入品は、一般の富裕層者の所有品であったと思われる。松ヶ谷作品も献上、贈呈の他に販売も行われていたと思われ、献上専用品ではなかったと思われる。

鍋島作品が一切の販売を行わず、献上、贈呈の専用品として定着するのは客観的資料は見出せないが、おおよその推考としては延宝初期頃からではないかと思われる。

三章　伝世作品類

伝世作品で「松ヶ谷」「初期鍋島」作品と考えられるものと、これにごく近いと思われる作品、及び資料的に多少興味のある作品で、従来未発表と思われるものを主体に少しあげてみた。

写真(35) 色絵紗綾形地文変形小皿

本品と同形、同陽刻文の「鉄釉花文変形小皿」が知られている。本品の器形はこれと一致するものだが絵文様、色調感覚は大きく異なっている。

左右に緑、黄釉を主に紗綾形地文を描きうめ、上下には簡単な文様を青、紫で印している。

体部全面に陽刻文が施されており、太い刻線の間々は細線文様が刻まれている。

抽象的な絵文様であるが美しい色調作品である。裏面は白地。類例のみられない作ぶり品である。造形・絵文様・色調共に整った佳品である。

縦径 12.0 ×横径 16.2 ㎝

縦径 12.0 × 横径 16.2 ㎝

写真(36) 墨弾き地文と花文三稜形小皿

見込には墨弾き地文を端正に描きうめ、周辺部に染付で大小八つの花文を散らしている。

全体を穏やかな三稜形に象り、周辺部は色絵松ヶ谷作品独特の美しい緑釉を廻らせている。

裏面は白地で、典型的な色絵松ヶ谷小皿の特徴を示している優品の一つである。

高さ6.4㎝

写真(37) 色絵松ヶ谷変形猪口

変形の猪口で、体部には染付色絵で瓢箪文を描き廻らせている。

幾つか発表されている松ヶ谷猪口類と共通し、造形が厳しく、色絵文様も雅味に富む魅力的な佳品である。

他に鉄釉同類瓢箪文猪口が知られており、瓢箪文がこの種作品によく用いられていたことが判る。

最近、市場に出たものだが、十個が共箱に入り、木箱には墨書されているものである。

資料的にも貴重例である。共箱墨書の件は前二章三十三頁を参照いただきたい。

口径8.6 ×胴径 12.0 ×高さ11.6 ㎝

写真(38) 青磁鉄釉地文掛の分け六角形小壷

六角形で首部が立ち上っている器形の小壷である。六面は交互に青磁、鉄釉地文を掛け分けている。鉄釉地文は細密で美しい。

造形は力強く、立体的佳品の一つに掲げられるものだろう。鉄釉地文、青磁の掛け分け、全体的作ぶりなどからみて松ヶ谷日峰社下窯作であろうと私考している。

立体的作品で極めて類例の少ない佳品の一つである。

写真(39)　青白磁和綴本形小皿

一部に長方形白磁をとり、全面に青磁釉を施し和綴本を象っている器形小皿である。

青磁釉部分には細い花地文が実に美しく陽刻されており非常に手の込んだ作ぶり品である。

全体的器形、陽刻文、青磁釉調などからみて日峰社下窯作の可能性が高い作品と思われる。

雅味に富む佳品である。

縦13.2×横10.9㎝

縦径12.8×横径17.1×高さ4.2㎝

写真(40) 瑠璃青磁掛分け葉形小皿

葉の中央部縦に葉脈を力強く陽刻し、全体をやや抽象化した葉形に象っている。

左上部と右最上部、縁部分の枝文は濃い瑠璃釉で染め、他は落着いた青磁釉を施している。

葉の切り込み、高台作りは非常に厳しい。

全体に力強い感覚を与える造形品である。

鍋島初期に属する佳品の一つであろう。

体径 13.0 ×高台径 12.0 ×高さ 26.0 ㎝

写真(41) 瑠璃青磁掛分け体部鎬徳利

高さが二十六糎を超える大形徳利である。小さく開いた口造りで、首部は細く、肩部にかけ拡がり菊花文を美しく刻している。肩部から高台直上部にかけては僅かに窄まり鎬状に作られている。

肩より上部は瑠璃釉、下部は青磁釉にかけ分けられている。両釉掛分けが美しい。

全体に造形が厳しく、端正な作ぶりであり、古作鍋島佳品と考えられる。

体径 15.2 ×高さ26.8 ㎝

写真(42) 青磁捻り形長首徳利

ふくよかな体部に美しい刻文曲線で捻りに象っている長首の青磁徳利である。

器形が力強く、よく整い釉調が美しい。

落着いた徳利佳品である。

古い伊万里書の中に、類似器形作品を初期伊万里作品とみているものがある。

昔は資料類が少なかったため、こうした誤認が生じたのだろうと思われる。

本品は諸点からみて、鍋島青磁古作優品に間違いないものである。釉層が厚く、美しい鍋島青磁の特徴を良く示している。

体径 23.0 ×高さ9.2 ㎝

写真(43) 青磁三脚鉢

口縁部を少し内側に折りふくよかな器形の青磁三脚鉢である。高台内側に蛇の目状釉剥ぎ部分を廻らせ、外側に鬼面三脚を付けている。器縁外側には小さな六個の貼花がつけられている。

本品は青磁釉調・器形などからみて初期鍋島青磁作品の可能性が高いとの思いが強いが、この種作品鑑別上の重要条件とされる高台内側蛇の目部分の破線状チャツ支え跡がみられない。

この問題については常々疑問に感じているのだが、この種鍋島作品には必ずすべて破線状チャツ支え跡は存在するのだろうか。

出土陶片を調査したくとも、出土陶片自体の数が非常に少ない。これで全体を確定視する訳にはいかない。

一方、破線状チャツ支え跡の無い伝世作品で、他の条件はその存在する作品と酷似するものは僅かではあるが存在している。本掲品もその一つである。

蛇の目無釉部分の破線状チャツ支え跡は鑑定上の不可欠絶対条件なのであろうか。私は疑問をもっている。是非共事実を知りたい問題である。識者の御教示が願えれば幸いである。

写真(44) 青磁両耳付花生

口縁部、頭部、体部、高台部、いずれも長方形に象り頭部両側に抽象的な形の両耳を付している。

体中央部には長方形枠内に文字様の文様を陽刻し、首部には抽象化した花文様と、全体に細い文様を陽刻している。

器底は無釉で、鉄分により赤色を呈している。

言うまでもなく、祖形は中国青磁に倣ったものだが、この花生は器形が厳しく端正であり、青磁釉調が落ち着いて美しい。

当時、高く評価された鍋島青磁佳品の一つと言えるものである。

横幅13.2×高さ27.2㎝

(45)－(ロ)（高さ10.0 cm）

(45)－(ハ)

(45)－(イ)

写真(45) 興味深い向付作品三点

(イ) 明暦三年被災江戸城跡出土
「松ヶ谷向付陶片」（注1より転載）
(ロ) 瑠璃青磁掛分け方形向付
(ハ) 参考資料　織部(ロ)と同形向付

(イ)は江戸城跡出土陶片の一つである。完器であれば体部縦に溝状切り込みが施され、器体上部から中程にかけ色絵が掛け流しの形で施されていたと思われる向付作品である。

(ロ)は(イ)より多少後年の作であるが瑠璃釉と青磁を掛分けた方形向付である。

相対する二側面には溝状切り込みが施されている。上部の瑠璃釉は掛流しの形である。(イ)の文様と類似している。

(ハ)は織部向付だが、興味深いのは器形である。(ロ)と全く同形である。高台造りも一致している。表文様も上下に区分し共通感覚を示している。

鍋島初期の向付作品が織部向付と同形に作られていることに驚かされる。

織部と徳川氏の関係はいろいろ言われている中で、鍋島がその同形作品を模していることは実に意外に思われる。

思いもかけない一例であるので、参考までにあげてみた。

四章　物証に基づく研究解明への期待

― 日峰社下窯跡の再発掘調査を ―

前章までに記載の通り、従来、典型的伝世松ヶ谷作品とされてきたもので、同類出土陶片が発見されたものは「色絵竜胆文変形小皿」（本書(2)—1）一点のみである。

この小皿は従来岩谷川内地域窯作品とみられ、二〇〇六年、九陶刊「将軍家への献上 ― 鍋島 ― 日本磁器の最高峰」には岩谷川内地域窯作として掲載されている。ところが、同類陶片が先年、日峰社下窯から出土してきたのである。

推考の脆弱さ、危険性と共に、物証の貴重性を如実に示す一例となった。

次に、松ヶ谷作品類の制作年代については従来一般に一六五〇年代、六〇年代と見方が人によりいろいろ分かれてきた。

こうした中で、貴重な幸運が生まれた。

「明暦三年一月十八日被災の江戸城跡出土陶片」（注1）の中に、松ヶ谷と考えられる陶片が幾つか存在している。本書でも前章に詳記している通りである。

この陶片類の制作年代の理論的下限値は被災日であるが、実際問題としては作品の制作後、納品までの間には少なくとも半年くらいの日時は要したと思われるので、これを勘案すると被災陶片類の制作下限年代は被災日の半年前、明暦二年六月頃までとなる。

次に、この出土陶片中に明らかに日峰社下窯作品と考えられるものが数点存在している。

就中、「瑠璃陽刻縄竹葉文尖輪花小皿陶片」（前記 写真(22)）は断定しても問題ないものである。

この事実は日峰社下窯において、松ヶ谷作品類が明暦二年六月頃を下限とし、それ以前に制作されていたことが特定出来ることとなった。

ようやく、松ヶ谷作品類について、推論、推考を脱し、物証的に結論が得られるに至った。

さて、以上の通り、松ヶ谷作品類についてようやくその制作窯と制作年代について、少数例ながら客観的資料によって確認されるに至った。

今後の問題としては是非、実証資料類の増加が望まれる。解明の進展には日峰社下窯の再度の発掘調査が一番確実なことだろう。

この窯の以前の発掘調査は小規模であったと伺っているが、それにも拘わらず、得難い貴重資料類の数々が報告されている。

この窯の精査が行われれば数点の松ヶ谷作品陶片の発見の可能性は高いと思われる。

是非、日峰社下窯跡の再発掘調査を熱望したい。

時局柄、行政機関の援助による調査はいろいろ難しい面が多いだろうことは良く理解が出来るが、鍋島窯、及びその作品の誕生期状態についての詳細な解明はいわば肥前磁器研究の基幹問題の一つである。

最近、仄聞するところでは行政の援助を待たず、有志の方々の負担による発掘調査計画が一部の方々の間で検討されているとのことである。

民間協力者による発掘調査が実現出来ればまさに画期的業績となろう。私も勿論だが、伊万里やき愛好家諸氏の中には協力を惜しまない方は少なくあるまい。

こうした計画が是非実現されてほしいものである。

参考文献

○『明暦三年被災、江戸城跡出土の初期鍋島陶片』　水本和美　「鍋島 誕生期から盛期作品まで」
平成二十三年九月　小木一良　水本和美共著　㈱創樹社美術出版
○『徳川将軍家の器』　千代田区立日比谷図書文化館　平成二十四年度文化財特別展 図版
○『大川内山所在の窯跡発掘調査報告』
―日峰社下窯跡、御経石窯跡、清源下窯跡出土の初期鍋島について　船井 向洋
改訂版「初期鍋島」二〇一〇年九月　㈱創樹社美術出版
○『図版1　初期鍋島』改訂版「初期鍋島」二〇一〇年九月　関　和男　㈱創樹社美術出版
○『初期鍋島』平成八年　関　和男　古伊万里刊行会
○『東京大学本郷校内の遺跡、医学部付属病院地点―天和二年、元禄十六年の大火に伴う資料』　成瀬晃司
○『将軍家への献上　―鍋島―　日本磁器の最高峰』　平成十八年九月　佐賀県立九州陶磁文化館
○『将軍家献上の鍋島・平戸・唐津　―精巧なるやきもの』平成二十四年十月　佐賀県立九州陶磁文化館

あとがき

肥前磁器の中で、初期伊万里、古九谷様式作品類については制作窯、制作年代など、その多くが極めて鮮明にされている。

これらは制作窯が独立しているものが多く、物原陶片は年代順にほぼ規則的に堆積している。また、出土陶片、及び伝世作品中には紀年在銘品がいろいろ存在しており、更に伝世品箱書にも貴重資料類がみられる。

こうした面が大きく役立ってきている。

一方、誕生期鍋島作品、即ち松ヶ谷作品類にはこれらの利点は全く見出されない。

制作窯については、伝世品と一致する出土陶片の立証報告は平成二十二年、船井向洋氏報告まで皆無であった。

また、制作年代については人によりいろいろの主張がみられてきたが、客観性のある確実な物証に基づくものは見出し難い状態であった。

誕生期鍋島作品関係では初期伊万里や古九谷様式作品類にみられる資料上の有利性が見出し難く、また、古文書類も見出せず、顧みるとその研究の難しさが痛感させられるものであった。

このため、物証を離れ、推考、推論による考察が主体かの如き状態が近年永々と続いてきた。

止むを得ぬ面はあるにせよ、推考は推考に過ぎない。その妥当性の客観的評価はなかなか出来難い。

近年は、鍋島初期状態研究面は行き詰まりではないかといささか不安を感じていた。

こうした中で最近、大きな幸運が生じた。ようやく二点の光明が見出されたのである。

一つは「色絵松ヶ谷竜胆文変形小皿」とほぼ一致する出土陶片が日峰社下窯から発見されたことである。これにより出土陶片による制作窯の特定が始めて一点ではあるが立証されることとなった。

二点目は明暦三年一月十八日被災、江戸城跡出土、松ヶ谷作品陶片類の発見である。

言うまでもなく、これは実態にごく近い作品の制作年代下限値を特定出来る資料である。

これこそ、まさに「天与の宝物」の思いがする貴重資料であった。

松ヶ谷作品中、制作窯を特定出来る出土陶片は日峰社下窯出土の「竜胆文小皿陶片」の一点のみであるが、一点でも発見されたことは将来、日峰社下窯の再発掘調査が行われれば幾つかの同類資料が発見される可能性は大きいことだろう。

一方、明暦三年一月十八日被災、江戸城跡出土陶片類は実態にごく近い制作下限年代を特定出来る貴重資料である。

これ程の貴重資料は将来に亘っても発見されないとまでは言いきれないとしても、その出現可能性は殆ど無いと言える程低いものだろう。

この制作窯と、制作年代下限値を特定的に示す二つの資料こそ、現在、松ヶ谷作品の誕生期状況を客観性をもって知りうる唯一と言える貴重資料である。

主観性を出来るだけ避け、客観的資料として現在評価出来る資料は以上の二点のみではないかとの思いである。

この思いが本書上梓の基である。

(付) 貴重資料との出会い　その幸運に感謝

もう十年くらいも前のことだが、偶然の機会に「明暦三年一月十八日被災、江戸城跡出土の伊万里陶片類」が発掘調査中であることを知った。

瞬間、私はその中に松ヶ谷作品が存在するのではないかと思った。関係の方に出土陶片の拝見と、近い将来の発表希望をお願いしてみたが、「一般発掘調査と異り、所轄官庁が違うので不可能」との返事であった。諦めきれない思いが以来続いた。

平成二十二年、東中川忠美先生と面会の機会があった時、この話をくり返してみたら、意外にも「その調査発表は近く行われる予定ですよ、担当は水本和美さんです」との教示であった。

飛び上るような思いで水本和美氏と面談した。その後の経緯は前著「鍋島　誕生期から盛期作品まで」（平成二十三年創樹社刊水下和美氏共著）に詳記している通りである。

出土陶片を拝見した時、非常に驚いたのはその中の「瑠璃縄陽刻竹葉形文尖輪花小皿陶片」（本書写真(22)）であった。

私はこの陶片と殆ど同寸、同形の青磁伝世品小皿本書写真(23)をその少し以前に拝見していたからである。

この伝世品小皿は青磁作品で釉薬は異るものの、出土の瑠璃陶片と同一と言える器形作ぶり品である。

当時、御所蔵者の意見は、「松ヶ谷青磁、日峰社下窯作に間違いないものでしょう」との話であった。

私も同感であったが唯一点気にかかったのは高台の高さである。日峰社下窯跡出土の青磁五寸皿陶片をみると、高台は通例の鍋島五寸皿と共通している。しかし、この伝世作品の高台はやや低いのである。

しかし、全体的作ぶり、作品の示す雰囲気からみて日峰社下窯作品に間違いないと考えられた。

その後、江戸城跡出土同形瑠璃小皿陶片を見て驚いた。この陶片も高台がやや低く、伝世品青磁小皿と全く同高である。

この伝世品青磁小皿の存在により、出土の瑠璃同形陶片も間違いなく日峰社下窯作であろうと確信出来ることとなった。

出土陶片と伝世品。同類の二点が発見出来たことで江戸城跡出土の陶片の幾つかは日峰社下窯作と確信出来ることとなった。

幸運に感謝している。

謝辞

○次の方々にいろいろご教示を賜りました。

伊万里市教育委員会　船井 向洋 氏
有田町歴史民俗資料館　村上 伸之 氏
千代田区教育委員会　水本 和美 氏
東京大学埋蔵文化財調査室　成瀬 晃司 氏・堀内 秀樹 氏
佐賀県立名護屋城博物館 元館長　東中川 忠美 氏

○次の諸機関、諸氏に貴重資料の御提供をいただきました。（敬称略）

伊万里市教育委員会　千代田区教育委員会　東京大学埋蔵文化財調査室
矢島 ふみ子　福徳 輝興　神村 英二　関 和男　木部 英弘　かわ瀬　尾崎 征男
臼井 一元　陶山 治　前坂 規之

○写真　野村 淳・森 仁　○装丁　岩黒 永興　○編集協力　牧瀬 朋美

右の諸機関、諸氏に厚くお礼申し上げます。

江戸時代、元和以降明和七年 年表

西暦	干支	年号
1615	乙卯	元和
1616	丙辰	2
1617	丁巳	3
1618	戊午	4
1619	己未	5
1620	庚申	6
1621	辛酉	7
1622	壬戌	8
1623	癸亥	9
1624	甲子	寛永
1625	乙丑	2
1626	丙寅	3
1627	丁卯	4
1628	戊辰	5
1629	己巳	6
1630	庚午	7
1631	辛未	8
1632	壬申	9
1633	癸酉	10
1634	甲戌	11
1635	乙亥	12
1636	丙子	13
1637	丁丑	14
1638	戊寅	15
1639	己卯	16
1640	庚辰	17
1641	辛巳	18
1642	壬午	19
1643	癸未	20
1644	甲申	正保
1645	乙酉	2
1646	丙戌	3
1647	丁亥	4
1648	戊子	慶安
1649	己丑	2
1650	庚寅	3
1651	辛卯	4
1652	壬辰	承応
1653	癸巳	2
1654	甲午	3
1655	乙未	明暦
1656	丙申	2
1657	丁酉	3
1658	戊戌	万治
1659	己亥	2
1660	庚子	3
1661	辛丑	寛文
1662	壬寅	2
1663	癸卯	3
1664	甲辰	4
1665	乙巳	5
1666	丙午	6

西暦	干支	年号
1667	丁未	7
1668	戊申	8
1669	己酉	9
1670	庚戌	10
1671	辛亥	11
1672	壬子	12
1673	癸丑	延宝
1674	甲寅	2
1675	乙卯	3
1676	丙辰	4
1677	丁巳	5
1678	戊午	6
1679	己未	7
1680	庚申	8
1681	辛酉	天和
1682	壬戌	2
1683	癸亥	3
1684	甲子	貞享
1685	乙丑	2
1686	丙寅	3
1687	丁卯	4
1688	戊辰	元禄
1689	己巳	2
1690	庚午	3
1691	辛未	4
1692	壬申	5
1693	癸酉	6
1694	甲戌	7
1695	乙亥	8
1696	丙子	9
1697	丁丑	10
1698	戊寅	11
1699	己卯	12
1700	庚辰	13
1701	辛巳	14
1702	壬午	15
1703	癸未	16
1704	甲申	宝永
1705	乙酉	2
1706	丙戌	3
1707	丁亥	4
1708	戊子	5
1709	己丑	6
1710	庚寅	7
1711	辛卯	正徳
1712	壬辰	2
1713	癸巳	3
1714	甲午	4
1715	乙未	5
1716	丙申	享保
1717	丁酉	2
1718	戊戌	3

西暦	干支	年号
1719	己亥	4
1720	庚子	5
1721	辛丑	6
1722	壬寅	7
1723	癸卯	8
1724	甲辰	9
1725	乙巳	10
1726	丙午	11
1727	丁未	12
1728	戊申	13
1729	己酉	14
1730	庚戌	15
1731	辛亥	16
1732	壬子	17
1733	癸丑	18
1734	甲寅	19
1735	乙卯	20
1736	丙辰	元文
1737	丁巳	2
1738	戊午	3
1739	己未	4
1740	庚申	5
1741	辛酉	寛保
1742	壬戌	2
1743	癸亥	3
1744	甲子	延享
1745	乙丑	2
1746	丙寅	3
1747	丁卯	4
1748	戊辰	寛延
1749	己巳	2
1750	庚午	3
1751	辛未	宝暦
1752	壬申	2
1753	癸酉	3
1754	甲戌	4
1755	乙亥	5
1756	丙子	6
1757	丁丑	7
1758	戊寅	8
1759	己卯	9
1760	庚辰	10
1761	辛巳	11
1762	壬午	12
1763	癸未	13
1764	甲申	明和
1765	乙酉	2
1766	丙戌	3
1767	丁亥	4
1768	戊子	5
1769	己丑	6
1770	庚寅	7

◎著者略歴◎

小《お》木《ぎ》一《いち》良《ろう》（本名 小橋一朗）

昭和６年　熊本県に生まれる
　　28年　熊本大学薬学部卒業
平成元年　東京田辺製薬㈱ 常務取締役を退任
平成５年　東京田辺商事㈱ 代表取締役社長を退任

主　　著　『伊万里の変遷』㈱創樹社美術出版
『初期伊万里から古九谷様式』（同）
『古九谷の実証的見方』河島達郎 共著（同）
『初期伊万里の陶片鑑賞』泉 満 共著（同）
『新集成伊万里』㈱里文出版
『志田窯の染付皿』青木克巳 他共著（同）
『伊万里誕生と展開』村上伸之 共著 ㈱創樹社美術出版
『鍋島・後期の作風を観る』（同）
『鍋島Ⅱ・後期の作風を観る』（同）
『制作年代を考察出来る鍋島 ―盛期から終焉まで―』（同）
『鍋島Ⅲ・後期の作風を観る』（同）
『鍋島 誕生期から盛期作品まで』水本和美共著（同）

埼玉県越谷市在住

鍋島誕生
物証でみる制作窯と年代

平成二十五年八月二日

著　者　小木　一良

発行者　伊藤　泰士
発行所　株式会社創樹社美術出版
東京都文京区湯島二丁目五番六号
郵便番号　一一三―〇〇三四
電　話　〇三―三八一六―三三三一
振　替　東京〇〇一三〇―六―一九六八七四

印刷・製本　山口印刷株式会社
佐賀県伊万里市二里町大里乙三六一七―五

（乱丁・落丁はお取り替えいたします）